林修の仕事原論

林　修

青春新書
INTELLIGENCE

本書は、２０１４年10月に青春出版社より刊行した
『林修の仕事原論』を新書判としたものです。

はじめに

明治の初め、それなりの資産を持つ家の子弟は、旅先の宿帳の職業欄に堂々と「無職」と書いたそうです。つまり、自分は働かなくともこうやって自由に旅を楽しむことができる人間だと誇示していたということです。

時は流れ、労働が憲法上の国民の義務と規定された現代にあっても、「人はなぜ働かねばならないのか」という命題に明快な答えを出すのは難しそうです。莫大な財産があって、一生遊んで暮らせるならそのほうがよいと思う人もいるでしょう。しかし、そういう人生にはどこか虚しさがつきまとうような気もするのです。

今、清水幾太郎氏の名を挙げてもピンとくる人は少なくなったことでしょう。社会学者であり、評論家でもあった彼は、積極的に文筆活動にいそしんだこともあって、その著作はかつて入試で頻出しました。僕は現代文という科目を受験生に教えることを生業としているので、当然何度も彼の文章に遭遇しました。そのなかで彼が「人生問題とは、職業問題である」と喝破したものがあったのです。

人生問題＝職業問題

「少し短絡的すぎるのではないか？」「人生は、仕事以外に広がる領域にこそ真の豊かさがある。それなのになんと浅薄なことか！」などなど、非難の論議は繚乱の様相を呈することと思われます。僕自身もこの考えをずっと否定的に捉えてきました。

しかし、昨年来、人生の激変を経験した現在では、少し考えが変わりました。

授業中に無意識に「いつやるか？　今でしょ！」と言い放ったことがきっかけとなって、僕の人生は大きく動きました。それ以前の47年間の人生において生じた変化の何倍もの変化が、わずか1、2年のあいだに生じたのです。

世界が広がり、日々会う人がガラリと変わってしまいました。そのなかで感じたことは、仕事を通じて知り合った人の有り難さであり、仕事を通じて広がった世界の重みです。それは人生のあり方にまで大きな影響を及ぼしました。

仕事を通じて僕に声をかけてくださる人は、イヤらしい言い方をすれば、僕を利用して自らの利益を上げようと目論む人です。僕は予備校という自身の本拠地に足場を残したままメディアへの露出を続けており、自分で言うのもなんですが、その点では少なくとも現在においてあまり他に例のない存在です。希少性を重視するメディアにとって、ある程度「価値」ある存在と見なされたのかもしれません。

そういう僕のなんらかの「資質」に気づいて、これは自分の商売になると思うからこそオファーをくださるのです。これまで、「なんでこんなオファーが来るのだろう？誰か他の人に出すべきオファーが間違ったのではないか？」と思ったことも少なからずありました。

しかし、打ち合わせを経て実際にやってみると、受けてよかったと思う仕事がほとんどだったのです。自分の狭い見識にこだわれば断っていたであろう仕事によって、自分でも気づかずにいた自分の可能性に気づいたことは一度や二度ではありません。他者に自分を見出されたと言っても過言ではないでしょう。

考えてみれば、自分の利益を考えて行動する人間は、実は「純粋」なのです。何かのプランを実現しようとする際に、それを実現する「パーツ」を世の中から探すわけですが、候補は無数にあります。そのなかから一つを選ばねばならないのですが、なにしろ自分の利益を考えているだけに、一番適したものを探そうと徹底的に調べたうえで判断する可能性が高いのです。

認めたくない人もいるかもしれません。しかし、実は仕事を通しての評価は、意外と客観的で正しいことが多いのです。

これが資本主義というシステムです。

自らの利益を最優先するという不純な動機であるがゆえに、他者の可能性を客観的に、正しく判断できる。このような逆説が成立可能なシステムでもあります。

このシステムのもと、ときに我々は過酷な競争を強いられます。しかし、その競争のなかで、人は自分の利益を考え、他者の評価を受け、仕事を通じて自らの可能性を知り、さらに成長していくのです。

しかも、僕を含めた多くの人がこのシステムから逃れることはできず、仕事をしなければ生きていけません。とすれば、生きることと仕事との結びつきはあまりにも強く、仕事を抜きにして人生を論じることは難しいようなのです。

どうやら、清水幾太郎氏の指摘はかなり妥当なものだったということになります。

どう生きるかとはどう仕事をするかと等しいとまでは言えないとしても、重なる部分はあまりにも大きい。だとしたら、仕事といかに向き合うかについて、もっともっと考えるべきではないでしょうか?

今の若い人には、そういう根本から目を背けて、惰性で仕事をしているようにしか見えない人が多いようです。仕事以外の世界があまりにも充実しているので、必要悪にすぎない仕事に対しては、そういう態度になってしまうのかもしれません。

「考えることは己自身と親しむことである」と言ったのは、スペインの文学者ウナムーノですが、人生にも等しい仕事について考えれば、二重の意味で深く自己について考えることになります。

そうやって考えた末に、仕事に対する自分の考え、つまりは自分なりの「仕事観」を確立すれば、それは自分自身を確立することになるのです。それなのに、深く考えることもなく漫然と仕事をしている人があまりにも多いのではないだろうか? そう考えたとき、この書を書き始めていました。

この本において、僕の「仕事観」に基づいた僕の考える仕事の基本、すなわち「仕事原論」を明らかにしました。その目的は、多くのこの種の本のように、このやり方を受け入れて仕事をしてください、ということではありません。もちろん、納得して実際に採用してくださる場合もあるでしょうが、それは主たる目的ではないのです。

他者の「仕事観」を知ることは、自らの「仕事観」を見直すことにつながります。そのきっかけになればという思いで筆を走らせました。この本がみなさん自身の「考えるヒント」となりますように。それが著者のささやかな願いです。

林修の仕事原論——目次

はじめに……3

PART 1

仕事といかに向き合うか

第1講 自分が不運だと思う人は、向いていない仕事をしていないか疑うべき……16
第2講 好きか嫌いか、できるかできないか……21
第3講 やりたくない仕事を全力でやると、やりたい仕事に近づく……25
第4講 「一流」を目指すことからすべてが始まる……31
第5講 自分の仕事のどこにプライドを見出すか？……36
第6講 真の人脈は仕事を通してしか広がらない……39
第7講 人間のタイプを知るには歴史小説が参考になる……45

第8講 運が縁を呼び、縁が新しい運を呼んでくれる……48
第9講 〝自分の居場所〟を真剣に見つけよう……51

PART 2

必ず結果を出す人の「対人力」

第10講 とにかく観察せよ！ 相手のこだわりを見抜くべし……56
第11講 あえて相手が期待するような反応をしない……63
第12講 人をもてなすときは「柔軟さ」がもっとも大切……65
第13講 「自分ルール」で相手をもてなさない……70
第14講 「モノ」より「コト」を喜ぶ人もいる……73
第15講 仕事ができる人は女性を味方につけている……77
第16講 相手へのプレゼントは「空欄補充」で考える……84

第17講 「プレゼント力」も仕事における一つのスキル …… 87

PART 3

すべてを勝ち負けで考える

第18講 敗者に泣く資格はない。「すべて自分が悪い」と考えよう …… 92
第19講 競争原理が個人も社会も成長させる …… 98
第20講 何かに負けるとき、原因は主に三つ …… 100
第21講 「一発逆転」が必要な状況をつくらない …… 102
第22講 負けは消えない。「取り返そう」という発想の危うさ …… 105
第23講 圧倒的な戦力差をつけることの意味 …… 108
第24講 お金はあくまでも手段。最終的な目標にしてはいけない …… 112
第25講 お金は稼ぎ方より使い方のほうが難しい …… 118

第26講 お金を使った経験が「内なる財産」になる …… 123
第27講 飲食店情報サイトで〝本物の店〟を見つけることはできない …… 126
第28講 会食も「勝負の舞台」になりうると心得ておく …… 130
第29講 「特別扱い」は実は平等。裏メニューを喜んではいけない …… 136

PART 4
自己演出と自己管理の方法

第30講 物事が「そうであること」と「そう見えること」に差はない …… 142
第31講 ときには朝5時にメールしてやる気をアナウンスする …… 146
第32講 「時間」と「空間」を支配してトラブルを回避する …… 149
第33講 飲み会で「昔はこうだった」という話が出たら即帰る …… 153
第34講 「不運は続く」と最初から思えば怖くない …… 158

第35講 無意識に出る言葉に意識を向けてみよう……162
第36講 人生で何度も読み返す「座右の書」を見つける……166
第37講 自分の頭で考える人間だけが成長し続けられる……169
おわりに……172

帯写真 富本真之
本文DTP センターメディア
構成 佐野 裕

PART 1

仕事といかに向き合うか

第1講

自分が不運だと思う人は、向いていない仕事をしていないか疑うべき

「努力は必ず報われる」

よく耳にする言葉です。完全に間違っているとは言いませんが、僕は少し不正確だと思っています。より正確に表現するなら、次のようになります。

正しい場所で、正しい方向で、十分な量をなされた努力は報われる

以前は「正しい場所」について言及していなかったこともあるのですが、世の中を見ていて、このフレーズもつけ加えるべきだと思い、いつのころからかこの形になりました。

たとえば、お笑い芸人になりたい人が、パスタ屋で朝から晩まで美味しいパスタのつくり方を修業しても、自分の目的に近づかないのは当たり前ですね（ときには「パ

スタネタ」がつくれることはあるかもしれませんが)。あるいは、僕が今からジャニーズに入りたいとどんなに努力を重ねても、それは不可能でしょう。

つまり、やみくもに打ち込めばいいのではなく、まず「正しい場所」に立たなければ、非常に効率の悪い努力をする羽目に陥ります。

それならば、正しい場所ならどんな方向でもよいのか？　残念ながらそうではありません。努力には方向性があります。たとえば予備校講師の場合、学力そのものが低い場合と、伝える技術が低い場合とでは、なすべきことが異なるということです。

こういう判断は、意外と第三者のほうが的確な判断を下せることが多いのです。特に利害関係のない第三者が何気なく言ってくれる一言には、不思議なくらい大きなヒントが隠されている場合があります。

僕の場合、ネットの特にファンでもアンチでもない人のコメントから、改善のヒントを見つけたこともあります(逆に「ファン」のおほめや激励の言葉は、大変ありがたいものの、残念ながらあまり役には立ちません)。

先の努力の場所だって、実は自分で決めないほうがよい場合もあります。たとえば、「他人にほめられる分野」はありませんか？　でも、自分はその分野にはあまり興味がない。そんなときにどうするかが、実は大きな分かれ目となるのです。

利害関係のない人の評価を大事にする

人間の自己認識は、実は他者認識よりも不正確な場合が多いのです。なにしろ人間は自分の顔でさえも直接自分で見ることができません。それなのに、自分のことが正しく認識できると言えますか？　それに対して周りの人、特に先に述べたような利害関係のない第三者が本質を見抜くことは案外多いものなのです。だから岡目八目という言葉も存在するのです。

もちろん、利害関係がないことで無責任なことを言う場合もあるでしょう。他人の評価を冷静に受け止め、うまく活用していくには訓練が必要です。

僕の場合、自分と他人の意見が分かれたときには、まず一度は自分の考えを否定します。そこからじっくり検証を始めますが、人はよく見ているなと自説を修正する場合のほうが多いですね。

これは他者に自己を反射させた自己認識と言えます。相手も利害関係の絡まないことは客観的に評価してくれます。なにか下心がない限り、その評価は素直に受け入れましょう。評価者が一人だけでは不安だという場合には、複数の意見を重ねていけばより正確なものとなるでしょう。

さらに言えば、人の言葉に素直に耳を傾けていると、相手はいっそういいアドバイスをくれるようにもなります。誰だって、自分の言うことをろくに聞かない人間に、いいアドバイスをしようとは思わないですからね。

単なる努力不足の場合がほとんど

さて、最後は努力の量の問題です。受験生の場合なら、成績が上がらないと悩んでいる生徒のほとんどが、単に勉強不足という量の問題に帰結します。学力の低い生徒ほど、「こんなに勉強しました」という量そのものが少ないのです。

学力の高い生徒から見たら全然やっていないという量を、十分な量だと見なしてしまう。判断基準自体が甘い、とでも言えばいいでしょうか。だから、周囲の人のレベルもまた非常に大切になるのです。

ビジネスにおいては、先の二つの要素の問題である場合も多いので、まず場所と方向に間違いがないかどうかの検証を慎重に。そのうえで問題ないと判断したら、あとはガムシャラにやってみる。そうやって量を積み重ねていくことが大切です。

その際に、自分はこんなに頑張っているのだから、細かいことはいいだろうと思わないようにしましょう。遅刻をしない、会社のデスクの上をきれいにするといった、こまごまとしたことをきちんとこなしつつ、ガムシャラに頑張ってください。

「仕事ができる人」は、不思議なくらい両立しているものです。

自分としては、十分以上に頑張っているのに成果が伴わないと思うなら、努力の方向が間違っているか、もしくは努力する場所が違うのかもしれません。

第2講 好きか嫌いか、できるかできないか

前項の「正しい場所」について、もう少し補足しておきます。

根本は、好きなことを仕事として選ぶかどうか、という問題です。そりゃあ、好きなこととできることが一致していれば何の問題もありません。しかし、「下手の横好き」という言葉もあるように、両者はなかなか一致してはくれないものなのです。

これをどう調整するかは、もはや「仕事観」の問題です。

僕は、好きなこと、やりたいことを仕事として選ぶという感覚は皆無です。20年以上やってきた予備校講師という仕事だって、（大）嫌いな仕事ですが、（誰よりも）できるという自負のもとに続けてきました。

もちろん、自分でそう思ってきただけでなく、生徒の動員状況や満足度といった客観的な評価のもと、決して努力を「主観的に評価する」ことなく、この仕事を続けてきたのです。

プロ野球選手や物理学者といった「夢」を、周囲を見回しながら次々と諦めて、言い換えれば自分の可能性を一つひとつ消しながら今の講師業にたどり着いたのです。こういう「仕事観」を持つ僕は、一方で、好きなことは趣味としてお金を払ってやればよいと思っています。

その分野が自分に適性があり、勝てる場所だと認識し、その技術やサービスに対して払われるお金に責任をとる。責任をとることに対してプライドを保てる。それが、僕の考えるプロフェッショナルであり、僕の「仕事観」です。

加えて、プロである以上は満点しか許されないとも考えています。授業料を払う学生なら、80点でも合格だという場合も多いでしょう。しかし、お金をもらうプロは、ミスをしないのが当たり前なのです。

僕が接客業をしているとして、100人のお客さんに対応して、そのうちのたった一人を怒らせただけで、その人は僕がダメだとは言わずに、その店がダメだ、さらにはそのチェーン全体がダメだと言いかねないのです（ちなみにこの現象を僕は「印象の拡大適用」と呼んでいます）。

これがプロの背負う責任です。お金をもらうということは、こんなにも責任の重いことなのです。しかし、その重い責任を、歯を食いしばって背負っていくからこそ成長も可能なのです。

「うまくいく仕事」が天職

もちろん、「好きなことをやって何が悪い」というのも一つの見識です。僕個人は「好きなことやってお金をもらおうだなんてずうずうしい」と思ってはいますが、それぞれがよく考えてつくり上げた明確な「仕事観」から選択された結果なら、もはや他人がどうこう言うことではありません。

しかし、「私は今の仕事が大好きで、これこそ天職だと思っています」と言いつつも、もし仕事がうまくいかないと悩んでいる方がいるとしたら、自分の「仕事観」はどんなものかという原点に立ち返る必要があるのではないでしょうか。

なにしろ、仕事とは、もらったお金に、そしてそれを払ってくれた人に対して責任をとらねばなりません。この基本を忘れることなく、みなさんご自身の「仕事観」を再考していただければ、と思っています。

お金をもらっているプロである以上、満点しか許されないと考えています。

結局、仕事が好きか嫌いか、できるかできないかで選ぶということなのです。自分を納得させることができれば、もう人に意見を求める必要はないでしょう。

仕事が順調な人は、今の道を進んでください。しかし、そうではないと感じる場合は、この原点に一度立ち返って、自らの「仕事観」を確かめることもまた大切です。

第3講 やりたくない仕事を全力でやると、やりたい仕事に近づく

先にも少し触れましたが、自分の好きなことを仕事としてやっていくことができる人は、本当に幸運だと思います。僕自身、そんなことはほとんどできていません。やりたくもない予備校講師を長年やってきたことで、ようやく自分が一番やりたい本を書くという仕事の依頼を次々といただけるようになりました。

ところが、本を書くより好きだとはとても言えないテレビ出演の依頼も多数いただけるようになり、肝心な本を書く時間をほとんど捻出できない状況です。

だったら、テレビの仕事を断ればいいではないか、という声も聞こえてきそうです。それはもっともですが、「それはちょっと違う」と言いたいのも事実です。

みなさんは、自分の「交換可能性」ということについて考えたことがありますか？

僕は、このことに絶えず自覚的です。仕事を断ることは簡単ですが、僕でなければできない仕事などほとんどありません。東大現代文の指導だけは、他の予備校講師の低

レベルな解答を見て、僕だけしかできないと思い込んでいますが、これだってたった一人の優秀な現代文講師が現れれば、簡単に揺らいでしまうんです。ただ、20年以上もそういう人が現れていないのも、また事実ですが（笑）。

そう、僕にできる仕事は、基本的には他の誰にでもできるのです。にもかかわらず、相手はぜひ僕に、と依頼してくれた――。どこに断る理由があるのでしょうか？　ありがたくお受けして、そこで全力を尽くすだけです。

そして、依頼してくれた相手が、「やっぱり、林さんにお願いしてよかった」とほほ笑んでくれれば、それでよいではありませんか。こういった「交換可能性」は、すべての人に当てはまる話なのです。

「オレがいなかったら、この会社は立ち行かないよ」

こんな妄言はありません。その人がもしいなくなっても、おそらくその会社はしっかり営業を続けるでしょう。組織とはそういうものであり、また、そういうふうに組織づくりを行うべきなんです。

「やりたいこと」にこだわりすぎない

そんなふうに、誰しもが「交換可能性」に脅かされるように生きているなかで、『アンパンマン』の作者であるやなせたかしさんは、次のようにおっしゃっています。

運に巡り合いたいのならば、なんでも引き受けてみるといい

自分の好き嫌いなどという小さな物差しにこだわらないことが、運に巡り合う秘訣だ。そう読み替えることもできるでしょう。そういうものなんですよ。これは、僕がいただいたテレビの仕事に全力で向き合ったからこそ出会えた言葉なんです。

やりたくない仕事に全力で打ち込むことが、やりたい仕事に自分を近づけてくれるという逆説

そんなふうにも言えるのではないでしょうか。逆に、

やりたいことにこだわりすぎるがゆえに、逆にやりたいことができなくなってしまうという逆説

これもまた真実のような気がします。会社に入って、最初に配属されたのが希望した部署ではなかったと、モチベーションが下がってしまう人がいます。ひどい場合は、それだけで会社を辞めてしまう人さえいます。

でも、どうなんでしょう。まだ本当に向いている仕事がわからない段階で、自分本位に、自分がやりたいかやりたくないかで仕事を選ばないほうがよいのではないでしょうか。好き嫌いや、楽しい、楽しくないといった判断基準を放棄する瞬間があってもよいのではないでしょうか。

「僕にはそれはできません」「私はこれしかやりません」と拒否することが、結果的には自分の可能性を狭めることになる場合が少なくないのです。

自分にどんなポテンシャルが眠っているのかは、案外自分ではわからないもの。第三者が客観的に見たうえでの、「この人にはこの仕事をやらせてみよう」という判断は、意外に正しい場合が多いのです。

ですから、自分の物差しにこだわって、まだわからない未知の才能が花咲く可能性をつぶしてしまうのはもったいない。やなせさんのような、こんな仕事もやってみるか、という柔軟な姿勢から好結果は生まれるものなのです。

全力で取り組んだら、ときには開き直る

もちろん、頼まれたことすべてを無条件で受けろとは言いません。なかにはやらないほうがいい案件もあることは事実です。しかし、基本的には上司に指示されたことは一度はやってみるべきです。なぜなら、あなたにはその仕事をやる能力があると上司に見られているわけですから。

もちろん、明らかにおかしい、これはいじめだ、パワーハラスメントだと判断される場合は、適切な対応をとるべきです。しかし、そういうケースは実はそれほど多くはなく、仮に未経験であっても、自分では苦手だと認識していても、とりあえずチャレンジする価値がある場合が多いのです。

それに、こんな場合は失敗を恐れる必要はないんです。極端な話、「やれと命じた

ほうが責任をとるべきだ」と開き直ってもいいのですから。

僕の場合、テレビ出演にしても、「この番組に出してほしい」と頼んだことは一度もありません。オファーをいただいて引き受けたら、全力で取り組む。そういうスタンスでずっとやってきました。

たしかに、事前の段階では、これはどうなんだろうという仕事もありましたよ。しかし、だからこそ工夫を重ねて慎重に対処したことで、実際にやってみたら予想以上に手応えがあったということは珍しくないんです。

こういった僕個人の体験談はともかく、先のやなせさんの言葉にはやはり重みがあります。それを頭に残しつつ、みなさん自身と照らし合わせてみてはいかがですか？

第4講 「一流」を目指すことからすべてが始まる

「私は才能がないんです。ただの凡人なんです」

そんなふうに自分の価値を低く見積もってはいけません。

まず一流を目指しましょう。凡人だからなんて妥協した前提で仕事に取り組んでも仕方がない。それは言い訳であり、自分を甘やかしていることでもあるんです。講演に呼んでくださったある自動車部品会社では、「会社の主役はあなたです。絶えず一流を目指します」という社訓を掲げていました。

僕も「個人で勝負できる組織人たれ」というメッセージをよく送っています。組織のなかでも誰々という個人で勝負でき、その姿を絶えず見せるプロ意識を持つんです。できない言い訳を探すのはやめましょう。「できる!」――そういう強い思いからスタートするのです。

それでも自分には無理だと思うようなら、逆にできる人はどうやっているのだろうと考えてみるのも一つの手です。周りのできる人、特に一流と呼ばれる人と自分との違いはどこにあるのか。そういう観察を続けていると、いかに自分ができない理由を「捏造」しているかがわかってくるかもしれません。

だから、人であれ、モノであれ、「一流」に触れることが大切なのです。しかも、一度なんとなく触れたというような程度ではなく、何回も何回も、大げさでなく全身でぶつかっていくようなかかわり方をすることでわかることも多いのです。

僕の場合はそれが本であったり、落語の名人芸であったりしたのですが、それは人それぞれでしょう。視野を広げ、自分の興味のある「一流」を探すことに休日をあてるのも悪くありませんよ。

優秀な人は環境に不満を言わない

そして、「頑張らなくていい理由」を探すのはやめましょう。環境に不満のない人などいません。皆不満を抱えて生きているんです。しかし、ただ不満を述べていたところで何も変わりません。それを知っているから、優秀な人は環境に不満を言わないんです。

松下幸之助氏は「悪しき主人に仕えたら勉強になる」と言っています。組織には、必ず自分と相性の悪い相手や、能力的に疑問符のつく人間がいるもの。そのなかで彼らとどんな距離感で、どういう関係をつくって、よい結果を出すかを考えるのが優秀な人です。このとき、人はさまざまに知恵をめぐらし、工夫を凝らします。これが成長につながるのです。

逆に、もし気の合う仲間と居心地よい環境で仕事をしていたら、そんな工夫をするはずもなく、ただ惰性で仕事をすることにもなりかねないのです。自分の気に入った人だけと仕事ができるなんて、甘い幻想にすぎません。必ず「イヤなヤツ」がいる。さて、どう対処しようか、腕試しだ。そう考えるべきです。

実際、僕は何かマズいことが起きれば、力を見せるチャンスだと思い、かえってワクワクしてしまいます。

あるいは、こんな言葉もあります。

「あなたたちは仕事を覚えに行くんじゃない！　我慢を覚えに行くんだ！」

これは、僕が学生時代から20年以上通い続けた、天ぷらの名店「みかわ」のご主人、早乙女哲哉氏（現在は「みかわ是山居」）が若い人に贈った言葉です。社会に出れば理不尽なことは避けられず、頭にくることもしばしばです。だから、不満を言いたくなるのですが、もともと「我慢を覚えにきている」と考えれば腹も立ちません。

考え方を根本から変えることで不満を言わずにすむことを、稀代の天ぷら名人は教えてくれているのです。

不満を言いたくなったとき、それは自分の知恵や考え方が試され、鍛えられるチャンスなのだ――。そう考える人が、前に進んでいけるのです。

余談ですが、今、僕は「みかわ」でも「みかわ是山居」でもなく、早乙女氏のもとで長年修業し、その技術を引き継いだ弟子の中川崇氏の「なかがわ」に通っています。その理由は、僕と年も近い中川氏が独立した際に、応援したいという思いもありましたが、それ以上に各界の名士がカウンターに並ぶ師匠のお店では、僕は客として一番になれないという思いがあったことは否定できません。

依怙贔屓してほしいなどというさもしい思いは毛頭ありません。ただ、お店の方に認められる一流の、トップの客でありたいという思いが僕にはあるだけです。そんな面倒なことを考えずに、ただ楽しく食事ができればいい、あるいはお金を払う客がな

「個人で勝負できる組織人」を目指しましょう。

ぜ気を遣わねばならないのだという考えもあるでしょう。
　しかし、店に一流と二流があるように、客にも一流と二流がある。だから一流を目指すという考え方もあるのです。少なくとも僕はそう考えるから、天ぷら屋のみならず寿司屋でも鰻屋でも、凛とした客たらんとがんばってきたのです。

第5講 自分の仕事のどこにプライドを見出すか？

お金をもらって仕事をしている以上、すべてのビジネスマンはプロフェッショナルです。そのプロフェッショナルが丹精込めた仕事に、お客さんというその道の素人が平気でクレームをつけてくる――。そのとき、プロのプライドは揺らぎます。しかし、そういうときこそプロとしての本質が問われるのです。

お客さんが商品やサービスに対して不満を述べたとき、「素人に何がわかる」と開き直る態度は感心しません。自分の仕事にプライドを持つことは大事ですが、仕事のゴールとは何かをよく考えるべきです。

プロである以上、お金をもらってその職に就いています。そのお金は誰が支払うかといえば、お客さん。少し難しく言えば、彼らは財産権の一部をあなたに託します。財産権を満足する権利に置き換えようとしているのですから、満足させて当然です。その笑顔を見て、初めて自身のプライドを満たすべきなのです。

そう、仕事に対するプライドは、仕事そのものに抱くことはもちろん、それを受け取った相手の笑顔に支えられたものでなければならないのです。

結果が出ればプライドは保てる

これが、僕が常々考えていることです。もちろん真意をわかってくれない相手もいます。しかし、そういう場合にも相手が悪いと決めつけず、わかってもらえるように努力し、工夫する。初めは不満の塊だった相手がついにはよき理解者に転じたとき、やはり自分はプロだなと、そこで初めてプライドを保持すべきなのです。ゴール（目標）はどこなのか、よく考えてください。

僕の場合、受講した生徒の成績が上がり、受けてよかったと思ってもらうことがゴール。その手段として授業のクオリティーを上げる必要があるので、そのために頭を下げることは平気です。東進ハイスクールの若いスタッフ（まだ大学生です）には、「授業で気づいたことがあったら、どんどん言ってくれ」と伝えています。

すると、彼らは優秀なので、「あの部分はこうしたほうがいいのでは」とアドバイ

自分の仕事のゴールとは何かを、よく考えるべきです。

スしてくれます。僕はそれを喜んで受け入れ、絶えず修正し続けています。

「学生の意見を聞くなんて、プライドがないのか」と言う人がいるかもしれませんが、僕にその類の「プライド」はありません。

すべては結果です。結果を出すために必要なアドバイスであれば、誰が言ったものかなどは、どうでもいいことなのです。

第6講 真の人脈は仕事を通してしか広がらない

公言しているように、僕は友達の少ない人間です。基本的に人間嫌い。自分から人脈をどんどん広げようという気がまったくありません。

そんな僕からすれば、パーティーで名刺交換しただけで「人脈が広がりました」と喜ぶ人は信じがたい存在です。立ち話をして、お互いの連絡先を知っただけの関係が人脈になるわけがない。相手も人脈だとは認識していないでしょう。本当の人脈というのは、そう簡単に広がるものではありません。

現在の僕は新しい人と知り合う、あるいは紹介される、といったことが日々繰り返されています。だからといって、人脈が広がったなどとはこれっぽっちも思ってはいません。真の人脈は、仕事を通して、しかもうまくいった仕事を通して初めて広がっていくものなのです。

相手の期待値を読み、そして超える

では、一緒に仕事をしましょうとなったとします。その際、相手が僕にこれぐらいの仕事をやってほしいと思った期待値を超えていくことが真の人脈につながります。そういう姿勢で取り組むことで、相手は「林さんに頼んでよかった。またお願いしよう」という気持ちになってくれるものです。だからこそ、まず相手の期待値の水準を読み、そのうえで、それを超えていかねばならないのです。

一つわかりやすい例を挙げましょう。

この国にはお年玉というしきたりがあって、毎年お正月には、個人差はあるものの、子どもはかなりの額のお金を手にします。大人にとってはなんとなく不条理な制度なのですが、自分もかつてもらっていたという人が大半ですから仕方ありません。一方、もらう子どものほうは、案外「予算」を組んでいるものです。昨年度実績に基づきながら、このおじさんは5千円、このおばさんは3千円、といった具合に。

そう、これこそがまさに期待値です。そして実際にお年玉をもらう際、「このおじさんは5千円だな」と思っていたとき、もしポチ袋から1万円が出てきたら、「え、1万円？　おじさん、ありがとう‼」となるものです。

これが期待値を超えるということです。一方、期待値5千円のおじさんが5千円くれた場合は、もちろんありがたいとは思うでしょうが、どこかで「ノルマ達成」という気持ちになってしまうのも事実です。

これを仕事に当てはめるとどうなるでしょうか。期待通りの仕事をすることももちろん大切です。しかし、それは当然のことであって、相手も織り込みずみ。次につながるかどうかはわからないのです。

ここは極めて重要なところです。相手の期待値通りにやればそれで合格だと思う人も多いでしょうが、それは最低条件をクリアしたにすぎないのです。

それに対して、相手の期待値を超えて、「えっ？　そこまでやってくれるんだ」という領域に飛び込めば、驚きを伴った真の感謝を得られます。それが、「じゃあ、次もよろしく」という展開を生むものなのです。

ノルマをこなせば合格と思うか、何としても期待値を超えてやると思うか。その気構えの違いは、すべてにおいて決定的な差をもたらします。

自分とかかわったすべての人を幸せに

さらには、自分とかかわったすべての人に「よかった」と言ってもらいたい、幸せになってほしいと思うことも大切です。そんなの自分にメリットがないじゃないかと思う人もいるでしょうが、それでもいいではありませんか。

そういう思いで仕事をしていると、不思議なくらい自分に戻ってくるものです。もちろん、「自分に戻ってきますように」などと願うようではいけません。

期待値を超えてやろうとする気概で仕事をして築いた人脈と、先に述べたようなパーティーで名刺交換しただけというレベルの人脈はまったく違います。それがわかっていない人があまりにも多いのには驚かされます。

志の低い人とは距離を置く

ただ、こう思う人がいるかもしれません。

「最初の依頼を得るために交流会でせっせと名前と顔を売るんであって、実際に仕事をしなければ広がらないなんて困る」

そういう人には、僕のもう一つの人脈の広げ方を紹介しましょう。それはＳＮＳをうまく活用することです。僕の場合はブログですが、ツイッターやフェイスブックなど、個人が発信できるメディアはいくつもあります。

メディアは自分の資質から選んだほうがいいでしょうね。僕の場合は「長文体質」なので、１４０字のツイッターは合いません。しっかり構成した、長めの文章なら自信があるというのがブログを選んだ理由です。

たとえば、僕は定期的にＭＬＢ（野球の米メジャーリーグ）について、自分なりに論理的に（つまりは理屈っぽく）分析した記事を多数書きました。そうしているうちに、その内容を評価してもらってＭＬＢ専門番組のコメンテーターの依頼をいただいたんです。また、シャンパンについての記事を見たワイン雑誌の編集者から、エッセイの依頼を受けたこともあります。

これは僕の体験談ですが、人それぞれ、その人の資質に合った方法があるはずです。たとえば、カルチャースクールなど、趣味の世界を通して広げていくのがうまい人もいるでしょう。ちなみに、僕の妻の母親は句会で世界を大きく広げています。

ただし、単に多くの人と知り合えばいいとは思えません。先にも述べましたが、無条件に名刺を配る形で広げると、人脈の質を管理しにくくなります。

特に志の低い人間とつき合うのが怖い。名刺交換した相手から連絡があって人脈が広がったと思っていたら、単に飲み仲間が増えただけだったということにもなりかねません。

自分が上を目指したいと必死に努力をしても、「ほどほどでいい」という人と一緒にいると、人は感化されてしまいます。低きに流れるのはあまりにも容易だからです。そのうえ、そういう人は一度つき合うとなかなか離れず、足を引っ張ってくることさえあって本当にタチが悪いのです。

友達が、仲間が悪いのではなく、そういう人間を交際範囲に入れてしまった自分が悪いんです。「あの人は、ああいう人とつき合っているんだ」という判断基準は、今でもなかなかの効力を持っています。そういったことまで考えて、あくまでも自分の責任で、自分の交際する相手を選んでいきましょう。

第7講　人間のタイプを知るには歴史小説が参考になる

僕は初対面で相手が信用に足る人物かどうかを見抜くことに関して、かなり自信があります。それは相手の人を、その人の「器」で見ているからではないかと思っています。現代人は、この人を見る眼というか、人の「器」を見る感覚が衰えているのではないでしょうか。

そうした能力は、たとえば歴史小説を読むことでも鍛えられます。よく時代劇には、見た目はさえないのに「お主、ただ者ではないな」と一目見ただけで相手を認める場面があります。あの感覚を養うのに歴史小説は適しています。

なかでも『三国志』は、人の器を見抜く力を鍛えるのにおすすめです。さまざまな個性豊かな人物が登場するので、人のパターンを見抜く力が身につきます。僕自身も初対面の人を三国志の登場人物なら誰かと自然に分析することがあります。

たとえば、挨拶の仕方や話す様子をじっくり観察しながら、「直情型だが、味方にすると頼もしい、張飛タイプだな」とか、「能力は高いが、忠誠心が低いから呂布に近いかな」などと、心中で分類するのです。

僕は優秀なスタッフと仕事をしていますが、才能があっても功を焦る馬謖タイプには重要な仕事を任せません。ちなみに僕自身は参謀として力を発揮する諸葛孔明タイプ。劉備にはなれないと自覚しているのですが、いかがでしょうか（笑）。

自分ですすんでダマされていないか？

人を見誤ると、ダマされて思わぬ損害を被ることもしばしばです。だからこそ、まず人を正しく見定める眼を養うことが肝要です。人には二種類あって、絶対に人をダマさない人と、平気で人をダマすような人がいます。残念ながらこれが現実なんです。まずそういう人の見極めができるようにする必要があるのです。

ただ、ダマすプロは、ごまかすプロである場合も多いので、うっかりダマされてしまうということも起きます。そうならないようにするために、いわば「ダマされの構造」とでもいうべきものについて少し説明しておきます。

人にダマされる際には、実は一種の共犯関係がある場合が多いのです。しかも、この共犯はなんと自分であって、自分で進んでダマされている場合も少なくないのです。

もちろん、一番悪いのはダマす人ですよ。しかし、ダマされやすい人は「おかしいな」と思いながらも、自分に都合のいいように解釈しているケースもあるのです。

宮沢賢治の『注文の多い料理店』が好例です。山に狩りにきた二人の紳士が「山猫軒」という料理店に入ります。でも、最初に「おや、こんなところに店があるなんておかしいね」と、寂しい山中の店を訝しんでいます。

その後も明らかに異様な注文をつけられているのに、都合のよい解釈をして内心の疑念をごまかし続けます。香水といわれて酢を頭からかけたときでさえ、「女中が間違えたんだ」とムリヤリ納得しようとしたのです。こんなことを繰り返しているうちに、結局どうにもならない状況に追い込まれたのですが、これなどは明らかに自ら進んでダマされた例と言ってよいでしょう。

これが「ダマされの構造」です。人を見る眼を養うとともに、自分のしていること全体をいつも冷静に見ている自分を養うことも必要なのです。

第8講 運が縁を呼び、縁が新しい運を呼んでくれる

自分の可能性を広げてくれるのは、結局は他人なんです。だから、僕は運と縁をセットだと考えています。縁を自分から切ってしまう人もいれば、大事に育てる人もいるのです。

たとえば09年の授業中、僕は「いつやるか？ 今でしょ！」と言ったらしいんです（すみません。本当に記憶にないので、こういう言い方をせざるを得ないんです）。また、林をテレビCMに使おうかと会社のトップが判断するくらいは、講師としての実績も残していました。

しかし、まず電通のCM制作担当の方があの台詞を切り出さなかったら、その後さまざまなメディアに進出するという幸運は生まれようがなかったんです。

そもそも、他にも候補は多数ありました。あとから聞いたとき、僕としては「こちらのほうがいいんじゃないか」とさえ思える言葉もありました。その担当の方が僕の

授業を何本も何十本も観て、ＣＭに使える台詞はないかと地道な作業を粘り強く続けてくださったおかげで、僕自身が忘れていた言葉が発掘されたんです。

その際のメモも見せていただきましたが、うんざりするほど地味な作業です。「〇〇という授業には、××という言葉。△△という授業には、特になし――」。そんな感じで、何十本もの授業を観た感想が記された資料を見せてもらった際には、本当に胸が熱くなりました。

そのクリエイターの方は、「自分は自分の仕事をしただけ」とおっしゃいました。たしかにその通りだと思います。しかし、今の自分の状況を考えると、彼のプロフェッショナルに徹した努力に深く感謝せざるをえません。

一つの決断が道を大きく開いた

そんな経緯があって、最終的な候補は「今でしょ！」と、もう一つに絞られました。もう一つの僕の言葉もなかなかよくて、担当の方も「最初はこっちのほうが気に入っていました」とおっしゃっていたほどです。

しかし、その二つから東進ハイスクールの永瀬社長が「今でしょ!」を選んでくださった。その後の状況を考えると、最終的な決断をしていただいた社長には、やはり頭が上がりません。

結局、山ほどある予備校から僕が東進を選び、東進も僕を採用。僕が講師をやりたいかどうかなどという小さな思いを超越して、20年以上の長きにわたって東進ハイスクール、つまりナガセという会社でずっと誠意を尽くして仕事をしてきた。その結果、永瀬社長がこうやって僕の道を開いてくれた——。

これが人生の「縁」というものではないでしょうか? この本も、いわばそうした「縁」の延長線上で書かれたものなのです。

こういった「縁」のつながりは、僕個人の力がおよぶ範囲を超えています。まさに縁が運を呼び、その運がまた新しい縁をつないでくれたと言ってもよいのではないでしょうか? こういう経験があるからこそ、みなさんにも、新しい可能性を開いてくれる縁を大事にしてほしいと切に願うのです。

第9講

〝自分の居場所〟を真剣に見つけよう

残念ながら、我々が生きている現代はそんなに明るい時代ではありません。

新しい仕事が生まれる一方で、今まで技を磨いてきた職人の仕事がなくなっているという現実があります。たとえば、電車の切符を大量に、正確に切る名人はどこに行ったんでしょう。また、印刷所には「伝説の活字工」と呼ばれる人がいたはずなのに、今は何をしているのか。あるいはまた、自動運転の技術が進化していけば無人運転の乗り物も増えて、バスの運転手はいらなくなるかもしれません。どうしても人間が携わらなければならない特定の仕事だけが必要な社会になってきています。

社会で必要な能力が、偏りつつ大きく変化している状況をまずしっかり認識してください。今はIT関係の仕事が充実しています。しかし、30年後も同じなのか？

一方で、「三ちゃん農業」（農家で男性が出かせぎや勤めに出て、「じいちゃん・ばあちゃん・かあちゃん」という他の家族が農業を担うこと）と呼ばれ、後継者不足が

結果が出なければ
「努力した」なんて言えません。
主観的に判断するのは
やめましょう。

叫ばれていた農業に、若者が戻っているという話も聞きます。また、卓越した経営感覚で大きな利益を上げている農家があるというニュースも届いています。

社会で必要とされる仕事は必ずある。しかし、それは刻々と変化し、その変化のスピードは恐ろしいほど速い。こうした社会で生き残るには、以前にも増して「自分が勝てる場所」を真剣に探す必要があります。そのためには、自分をより厳しく見据えていくことが求められます。先にも書いたように、新しい仕事も生まれているのですから、必ずどこかにチャンスはあるはずです。

そして、ここでいう〝厳しさ〟とは、結果を出すということです。結果が出なければ「私は努力した」なんて言えません。朝から晩まで働いているのに成果が上がらないなら、努力する場所を見直す必要があります。

それには、努力を主観的に測るのをやめることが重要です。そうではなく、その努力からどういった結果が出たか。さらには、他者はどう評価したか――。そういうふうに、自分の努力を「外から」見るようにすべきなのです。

この際、他者との比較も重要です。自分より明らかに少ない投資で同様、ないしは自分以上の結果を出す人が多数いるようなら、その仕事に対する自分の適性は低いと冷静に判断を下すこともときには必要です。

努力を主観的に判断しない、そんな厳しい生き方がいつの時代にも増して必要な世の中に、我々は生まれてしまったようなのです。

しかし、それに不満を言ったところでどうにもなりません。そんな世の中を根本から変える力がないのなら、世の流れに従いつつ、ベストの道を見出していくしかないのです。それとも、あなたがこの矛盾だらけの世の中を変えてくれるのですか？

必ず結果を出す人の「対人力」 PART 2

第10講　とにかく観察せよ！相手のこだわりを見抜くべし

テレビ出演の仕事が増えましたが、あとで放送を観て「早口すぎた」などと反省の繰り返しです。いかに相手の印象に残るように語り、かつ思いを伝えるか。これはビジネスでも同じで、相手に気持ちが伝わらなければ何事もうまくいきません。

予備校において、自分のお客様とも言える生徒たちとのつき合いは基本的に1年間。つまり、毎年初めて出会う相手の心をつかむ必要があるのです。ポイントは、いかに相手に「聞いてもらえる状況」をつくるか。それこそが大前提です。

ビジネスでも、相手の心をつかもうと、たとえば派手な名刺を使うなどの風変わりな方法をとる人がいますが、僕はあまり好きではありません（そういう名刺はただちに捨てます。本当に優秀な人は、ごく「普通」の名刺をくださるものです）。

ときおり安っぽいビジネス書などで、「名刺で差をつけよう」などと書かれているので、それを安易に信じてやっているのかもしれません。しかし、逆に言えば、そういう名刺に食いつくのは、そういうレベルの本をうのみにする、そういうレベルの人というわけです。

予備校講師で言うと、授業内容より妙に派手な格好をしたり、パフォーマンスに走ったりする講師に重なります。そんな講師でいい授業をする人は一人としていません。むしろ印象に残るのは、普通の名刺なのに、妙に紙の質がいい。こちらでしょうかね。普通に見えて、ほんの少しだけうまくズラしてある——。これがわかる人にだけわかるんですよ。

わかってほしいようにわかってあげる

それでは、人はどんな人に好印象を抱き、どんな人の話なら聞きたいと思うものなのでしょうか？

「この人は、自分のことをよくわかってくれている」。そう思ったとき、人は相手の言うことも聞こうと思うものです。ただ、これは次のように補充する必要があります。

「この人は、自分がわかってほしいと思うようにわかってくれる」

これがすべての基本です。そして、多くの人は、自分はこうわかってほしいんだというメッセージを強くアピールしているものなのです。

たとえば、流行りのゆるキャラのストラップを携帯につけている人がいるとしましょう。この場合は、「こういうものが好きな心優しい人間なんですよ」というアピールを読み取るべきなのです。

たとえ「これのどこがかわいいの？　いい歳してバカじゃない？」と心のなかで思っていたとしても、口から出る言葉は「わあ、かわいいなあ。これ、最近人気の〇〇でしょ？　△△デパートにはグッズコーナーもできたんですよね」であるべきなのです。

そんな調子のいいことは言えないよ、と思う方がいても当然です。しかし、これもある種の「サービス」だと割り切って、相手が喜んでくれるためならと大胆にいきましょう。なにしろコストゼロなんですから。

観察に基づくコミュニケーションこそが、実は相手に好印象を与えるためには不可欠なのです。

ヒントは相手が発している

人間が他人を受け入れる範囲は意外に狭いものです。僕は今まで「相手の言ったことを本当に虚心に受け止める」という人に会ったことはほとんどありません。どんな人でも、その内部には「こういう人間が好ましい」というイメージがあらかじめできていて、その基準に合うかどうかで人を判断しているのです。

そして、どういう人を好ましいと思うのかは、案外その人がヒントをくれているものなのです。しかし、そのヒントは、先のゆるキャラのようにわかりやすい「モノ」とは限りません。

これはすでに別著で「権威トレンド」として指摘したことですが、人の価値観はその人のこだわりにどうしても表れます。たとえば、時間に厳しい人は遅刻するような人間を絶対に評価しません。そのこだわりこそが、いわば「受け入れ口」なのです。

僕は講演会や公開授業の前には、その地域のことを徹底的に調べ上げます。その日参加してくれる聴衆のことをちゃんとわかっていますよ、と伝えることで会場の雰囲気を和らげ、僕の話を聞こうという思いを高めてもらうためです。

たとえば、ローカル線が一時間に一本しか走っていないような地域で、一時間に最大で30本近く走る山手線の話をしたとしたら、理屈ではわかるかもしれませんが、実感を伴って受け止めてくれるかどうかは大いに疑問です。

このことを肝に銘じて、あとはいかに相手に合わせていけるかどうかなのです。

細分化して考えていること＝大切なこと

さらには、言葉の「細分化」にも注意すべきです。

僕のようなおじさん同士の会話によく出るテーマですが、今のアイドルグループはメンバーの区別があまりつきません。だからといって、その（熱烈な）ファンに「みんな同じに見える」などとは、絶対に言ってはならないのです。

そんなことを言ったら、彼らにとって（もしかしたら一番）大切な部分がまったくわかっていない人間だと思われ、そんなヤツとは一緒に仕事したくないと判断されかねないからです。

「AちゃんとBちゃんが同じに見えるだって？　お前の眼は節穴か！　そんなヤツと仕事ができるか！」。もしそんな事態になったら、責任はすべてこちら側にあるのです。

もちろん、これは極端なケースですが、こんなふうに自分には同じように見える、言い換えれば同じカテゴリーに入れているものを相手が細分化している場合には注意が必要です。そこには、相手が大切にしているものがある可能性が大きいからです。それに気づいて、できるだけ相手と同じ感覚であることを大切にすることで、スムーズなコミュニケーションが可能になるのです。

今述べたようなことは、すべてに通じることです。時間の使い方、話し方、ファッションなどなど、基本は同じです。相手が大切にしていること、こだわっていることを冷静に観察して、相手の価値観に合わせて話すこと、言い換えれば、私はあなたの誠実な理解者ですよ、とアピールすることから共感が生まれ、相手が心を開いてくれるのです。

相手が女性なら、特にこういうコミュニケーションを心がけるべきです。

あえて繰り返しましょう。まず相手をよく観察すること。自分自身を一つのルーペと化して、じっくり相手を観察しましょう。

もっとも、あまり露骨にジロジロ見るとかえって怪しまれることにもなりかねないので、礼節を保ちつつ、じっくり観察する訓練を重ねてください。

多くの人は、「自分はこうわかってほしいんだ」というメッセージを強くアピールしています。

第11講 あえて相手が期待するような反応をしない

前項では、徹底的な観察をコミュニケーションの基本に据えるべきことを述べました。それを踏まえたうえで、さらに上級者向けのテクニックも紹介しましょう。

相手の思った通りのことを言うだけではなく、さらに強い印象を残す方法もあります。相手が100を望んでいるとします。僕の場合は、望まれているうちの90は相手の期待通りに話します。でも、残りの10の部分を少しひねるんです。

たとえば、インタビュー取材を受ける場合に「ありがとうございました。これで取材は終了です」と相手が締めようとする瞬間、つまり帰り支度を始めようとする瞬間に、「そうそう、あと一つ、こういうネタもありますよ」と、さも思い出したかのように補足することがあります。これは非常に強く相手の印象に残ります。なぜなら、終わったという弛緩の瞬間に、再び緊張をもたらすからです。

こういう「緊張と緩和」は、コミュニケーションにおいて非常に重要です。リズムが変わる、終わったと思ったら始まる、逆に始まると思ったら終わる——。このような「緊張と緩和」を意識的に利用できるようになれば、真のコミュニケーション上級者です。

これは、活用法がいろいろあります。たとえば、取材中に最初はあえて相手の予想と違うことを答える。相手が「困ったな、なんでこんな取材に来ちゃったんだろう」と思ったころに、突然切り替えて相手の予想通りの答えを始めるのです。そうすると、最初から予想通りの受け答えをした場合より、ずっと相手の印象に残ります。

音楽で言えば「転調」に当たるでしょうか。コミュニケーションにおけるリズムという要素を、意識的にコントロールするのです。

こうしたことは、先にも書いたように上級者の手法なのですが、うまく操れるようになると自分のリズムで相手を翻弄しているような感さえ受けるものです。

もっとも、あまりやりすぎるとあざとい印象を残してしまいます。さじ加減が難しいテクニックでもありますから慎重にお使いください。

第12講

人をもてなすときは「柔軟さ」がもっとも大切

バブル時代のような派手な接待は姿を消しましたが、「飲ミュニケーション」という造語が示すように、やはり食事をしながら、あるいは一杯飲みながらの交渉は今でも有力なコミュニケーション手段です。

人をもてなすこともまたコミュニケーションであり、技術であって、そうである以上、優れた技術を持つ人とそうでない人に分かれます。予算が制約されている昨今、少しでも上手な接待のために考えるべきことをいくつか記しておきましょう。

最初に、相手が自分を接待してくれる場合から考えていきます。

まず、そのときの状況をしっかり観察することが大切です。そう、接待される場合は相手が基準を示してくれたのですから、ヒントをいただいたと思ってじっくり観察すべきです。

どれぐらいの店で、どんなことをしてもてなしてくれるのか。それが、立場が逆転したときの基準になります（もちろん、なかにはずうずうしい人がいて、自分がした以上のことをしてほしいと思う人もいます。そういう人かどうかの観察も怠らずに）。

一般的には、そこから2割増しくらいのもてなしをすれば、相手はよくしてもらったなと感じるはずです。でも、自分のほうが最初にもてなすパターンでは、相手の期待値を測れません。その場合はどうすればよいのでしょうか？

シティホテルをうまく活用しよう

予算の制約という問題もあるでしょうが、もし可能ならシティホテルの食事に誘うことです。最近のホテルは相当頑張っていて、お得なプランを出しているところが多いので、値段だけを見ると意外に居酒屋と差がない場合もあります。

相手の嗜好を知りたい場合にホテルは最適です。なぜなら、ホテルの、特に直営のレストランはすべてが、ある意味で「平均点」だからです。ホテルの接客は優等生的で、誰が来てもそれなりに満足できるようになっています。たとえば、ウロコのない魚は食べないという宗教の人をもてなす場合でも、ホテルなら対応できるところが多いでしょう。

実はその昔、最初のデートでよくこの手を使っていました。相手の反応をよく見て、次のプランを考えたものです。相手の期待値を上回り、満足度をゴールにする。接待もデートも基本は同じです。

『東京いい店やれる店』（小学館、ホイチョイ・プロダクションズ著）という、僕が絶賛してやまない名著があります。

そのなかに、「人は自分がどういう待遇を受けているか、視界に入る光景から判断する」という趣旨のことが書かれています。自分はどういう客が来るレベルの店に招待されたのか。要するに店内の客層です。

特に女性は、相手よりもむしろ周りのお客さんをよく見ていますからね（男は相手の女性ばかり見ているのに［笑］）。どんな場所なのかは、どんな人が出入りしているのかと同じことです。

もちろんホテルにもランクがありますから、あるランクを超えれば、それにふさわしい人がそこに出入りしているはず。こういう特性をうまく活用するのです。

相手の価値基準がわかる

そして、相手の反応を注意深く観察しましょう。たとえば、予算が許して相手を一流ホテルに連れて行くことができた、だから大丈夫だろう――。そう思う人が多いでしょうね。でも、そう簡単なものでもないんですよ。

なんとなく居心地が悪そうだな、ということも起きる（実体験です）。そんな場合は、むしろもっと庶民的な店にしたほうがよかったんです（実際にそのようにしたら、「こういうほうが気楽でいい」と本当に喜んでくれました）。

逆に、相手がホテルの「平均点」の食事に退屈しているようなら、たとえば路地裏にあるような「通の好む店」を探す必要もあるかもしれません。あるいはまた、ホテルの食事でテンションが上がっているようなら、少なくとももう一度くらいは、同じようなもてなしでいいのです。

よいホテルを「基準」にすると、いろいろなことがわかるものなのです。より大きな満足を与えるために、その場での相手の反応をよく見て、次回に案内する店を決めるようにしましょう。

加えて、素敵なホテルは必ず素敵なサービスを供してくれます（しっかりサービス料を取られる場合も多いので、当然と言えば当然ですが）。そうした空間で相手を遇した場合にどんな反応を見せるのか。これもまた今後の参考になります。

その意味がわかる人とそうでない人を見極める際にも、ホテルは大きなヒントを与えてくれるのです。

さらにつけ加えれば、ホテルは総合施設ですからさまざまな利用が可能です。それだけに、ホテルをうまく活用できることは、大げさでなくビジネスマンとしての一つのスキルだと僕は考えています。

休みの日にでも、一度じっくりホテルを観察してみてください。そして、あなた流の活用法を編み出してください。

第13講

「自分ルール」で相手をもてなさない

自分の行きつけの店に連れて行けば事足れりと考える人が案外多いのですが、これは考えものです。自分のお気に入りの店でも、肝心の「相手の好み」に合っているかどうかは別問題だからです。そこを無視して、自分の考える最高の店に案内したからもてなしたと満足しているようでは、いつまでたっても相手の心はつかめません。

当たり前のことですが、相手を満足させることがもてなしのゴール。いくらお金と時間を使っても、相手に響かなければただの自己満足で終わります。

自分は最高に美味しいと思っている鰻屋があって、地方から上京してくるお客さんをいつもその店に連れて行く人がいたとします。

「ここでは生きた鰻を選ばせてくれるんですよ」

とすすめて食べさせたとしても、相手が満足するかどうかは微妙です。

たとえば、鰻は地域によって調理法が全然違います。関西には「関東の鰻はベシャべシャだ」と言う人がいます。逆に、関東の人には「関西の鰻は硬すぎる」と言われかねません。だから、僕は最初の食事の場合は鰻を避け、交流が深まってどんな鰻を好むかがわかってから案内するようにしています。

もてなす相手は、序列的には自分より上位の人も多いはず。その相手を満足させるのに自分本位のルールを優先した時点で、すでに「もてなし」という名の自己満足になっていることをお忘れなく。

相手に応じたコミュニケーションを

少しひねくれたことを書きましょう。相手の「自分ルール」でもてなされたら、そういうもてなしをする人だという情報を与えてくれたと考えればいいのです。たとえば、相手のことを考えず、いつも同じモノを贈る人がいますよね。「うちのお父さんはお酒を飲まないのに、毎年お歳暮でウイスキーが届く」なんていう話は珍しくありません。

しかし、その行為を、相手をもてなす判断基準に逆用することは可能です。つまり、相手は人の嗜好など関係なく、贈ったという事実で満足する人である可能性が高い。そうだとすれば、こちらもまず贈ったという事実をつくることが大切で、何を贈るかは二の次でよいという判断が成り立つではありませんか。

あるいは、高級な店に連れて行って高いものをご馳走すれば、それだけで満足してくれるというタイプもいます。そういう相手なら、予算の許す限り高いお店で、「このお酒は〇万円で、料理はいくらで」と値段を教えてあげれば喜ぶはずです。

細かいシェフのテクニックを説明しても、「ふーん」と反応が鈍いような人に、それをわかってもらおうと説明するのは時間の無駄というもの。世の中には、値段は高いのにたいして美味しくない店が驚くほど多いですが、ちゃんと役割はあるということです（笑）。

相手の発する情報には裏表があります。そのデータを分析して、相手に応じたコミュニケーションを心がけましょう。「粗い」コミュニケーションをとるべき相手にはそれでもいいのですが、相手を間違えると、あなた自身も「粗い」人間だと思われてしまいかねません。

第14講

「モノ」より「コト」を喜ぶ人もいる

何に満足するかは人により多種多様です。ですから、人をもてなす際に、決して飲食やプレゼントという「モノ」にこだわる必要はありません。モノより「コト」が嬉しいと感じる人もいます。実は、僕もその一人です。

そもそも、モノとコトとはどう違うのでしょうか？　それはこういうことです。彼女の誕生日プレゼントに指輪やネックレスを贈る。これはモノを贈るということです。それに対して、休みをとって一緒に海辺のコテージで過ごす。これは一緒に過ごすというコトを贈ったと言えます。

プレゼントといえばモノというのは固定観念です。世の中には、モノはいらないという人は結構多いのです。本当にほしいモノならいいけれど、それ以外はむしろ迷惑だという人も多い。そんな人には、コトを演出することも立派なもてなしです。

自分に何かほしいモノがあるからといって、人にもモノでもてなそうというのは、これもまた先に述べた自分ルールの押しつけです（その点、現金はいらないという人がほとんどいない素敵なプレゼント素材ですが、贈り方が難しいという大きな欠点があります）。

具体的な例を一つ挙げましょう。僕は『林修の今でしょ！講座』というテレビ番組でMC（司会）を務めています。毎回、各界の識者や専門家がゲストの講師となり、普段は講師である僕が、逆に生徒役になって学ぶという内容です。その前身の深夜番組に、ヴァイオリニストの葉加瀬太郎さんが出演されたことがありました。演奏はもちろん、歴史上の作曲家たちの特徴を説明する比喩が的確で、とてもわかりやすかったのです。そこで「僕もモノを伝えるプロですから、自分より上手なたとえを他の人がすると落ち込むんです」と、少しすねたような言い方で称えました（実際、本当にやられたと思っていたんですが）。

その表現はともかく、「あなたの言葉の表現力が素晴らしいことを、僕はちゃんとわかっていますよ」と伝えたコトで、彼がいっそう言葉の表現力のレベルを上げてくださったような気がするのです。

葉加瀬さんの音楽をほめ称える人は数限りなくいるでしょうが、彼の言葉の力、表現力を認めた人は、それに比べれば少なかったはずです。しかし、彼は自分の言葉とその表現力にも自信があったと思うのです（だって、あんなに素敵な言葉で次々と説明されたのですから）。だからこそ、僕がそれを認めたコトが、彼のいっそうの熱意を引き出すのに役立ったのではないかと思っているのですが、どうでしょうか。

もし僕の推測が当たっているとしたら、これは、前述した「人は、わかってもらいたいようにわかってもらいたい」ということであり、そうやってわかってもらえたコトの持つ意味は大きいと思うのです。ちなみに、その回は深夜では考えられないほど高視聴率でした。

ご馳走になることが相手の満足になる場合も

あるいは、逆にこちらが「もてなされる」コトがもてなしになる場合もあります。相手によっては「自分がご馳走することで満足する」という人もいるのです。特に仕事が順調でお金にも困っていないような人は、自分がしてもらうよりしてあげるほうが気分がいい、人にしてあげたいと感じるもの。「誰かに、何かをしてあげた」というコトが満足感を生み出すのです。

そういう人に対しては、僕はありがたくご馳走になるだけです。すぐにお礼の電話をしたり、礼状を出したりはします。しかし、返礼としてのご馳走はしません。相手は僕にご馳走したコトに、そして僕が喜んだコトに満足したのですから、それをありがたく頂戴するコトこそが、本当の敬意です。

結局、自分を物差しにせず、相手から見た世界はどんなものだろうかと常に相手の立場に立ち、相手の基準で考えることが大切なのです。

第15講 仕事ができる人は女性を味方につけている

「男はつらいよ」

よく言われることですが、今のビジネスにおいては、いかに女性の支持を得るかが成功のカギを握っています。僕が勤める予備校でも、女子生徒に嫌われる、ましてや「あの先生、キモい！」などと言われるようでは非常に厳しい。

彼女たちの支持を得るために、たとえば僕は彼女たちが読んでいる確率の高いティーン誌に目を通したりもしますが、そういった対策も必要なのです。

職場においても、女性の支持を、さらには応援を得られるかどうかは決定的な差になります。「できる」人は、上手に女性を自分の味方にしているもの。女性の応援が得られて初めていい仕事ができるのですから、当然といえば当然です。

そもそも、コミュニケーションは「始まる前に終わっている」というのが僕の持論ですが、女性の場合は特にそれが顕著です。問題が生じたときや協力を頼みたいときになって頭を下げても遅いのです。

つまり、特に女性は、あらかじめ応援する人とそうでない人を決めてしまうのです（最近では男性でもそういう人が増えましたが）。応援しようと思っている人にお願いされたら、張り切ってくれます。

逆に、そうでない人に頼まれた場合には、まずモチベーションが上がらない。当然、結果がうまくいかないことも多いのですが、たとえそうなっても、女性は「頼んだほうが悪い」とさえ思いかねないのです。

だからこそ、周囲の女性との良好な関係を築くべく、日々努力しなければなりません。女性に嫌われたらすべて男が悪い――。悲壮ともいえる覚悟が必要です。

良好な関係さえ築くことができれば、何かあったときに周囲の女性はあなたの力強い応援団になってくれるはずです。そのためには、小さな自分を抑えて、絶えず周囲の満足を考えるような行動をとる必要があります。

「そんなのつらいよ」という声も聞こえてきそうですが、そもそも男はつらいものなのです。フーテンの寅さんの「男はつらいよ」という映画のタイトルは、そうした普遍的な事実を述べたものなんですよ。

「娘に好かれる」お父さんになるには

この話は、さらに広げて「父はつらいよ」とすることも可能です。

お母さんに比べて、お父さんはそもそも大変なんです。まずそのことを認識すべきです。だいたい、男の子は基本的にマザコン。母と娘は、思春期こそ激しく争いもしますが、娘が妻になり、母になればついには最強の同盟軍を結成するに至ります。

しかし、父はそうはいきません。息子とは結局「戦い」です。しかも、昔のように「千尋の谷」に蹴落とせば、二度と這い上がってこないような弱い息子の方が圧倒的に多いのが現状です。かといって弱い父を息子は馬鹿にします。いかにギリギリの力関係を保っていくか、本当に大変です。

そして娘との関係。女の子は、「カッコいい」お父さんが大好きです。極端な話、もしもお父さんが福山雅治さんなら絶対大好きで、友達にすすんで披露して、自慢します。しかし、現実問題として福山さんは遠い……。では、絶望しかないのか？

そんなことはありません。容姿の改善には限界があるとしても、清潔感を保って、日々を「きちんと送る」お父さんを、娘はリスペクトするのです。

そう、実は先に述べた女性との関係をそのまま適用できる部分も多いのです。日々の努力を通じて「関係」が生まれ、それが良好であれば大好きなお父さんになるし、その逆のことも生じる。ただそれだけのことです。

もう少し具体的な説明が必要だという方は、アメリカの人気ドラマ「フルハウス」を何本かご覧になれば、わかると思いますよ。「パパ、大好き！」「パパ、ありがとう！」「パパ最高！」と、毎回娘たちから賞賛される素敵なお父さんの日常がいかなるものかが。

「距離感」を大切に

周囲の女性と良好な関係を築くにあたって大事なのは「距離感」です。それぞれの女性には、望ましい、適切な距離があるということを自覚してください。しかも、個人差はかなり大きいのです。誰とでもしっかり距離をとっておきたいタイプ、認めている人とは距離を縮めたいタイプなどなど、本当に人それぞれです。

たとえば、最近ではテレビ番組のMCを任せていただけることが多くなりましたが、アシストしてくれる女子アナウンサーとの距離感は、いつも慎重に測定しています。距離を置きたいと思っている相手に馴れ馴れしくかかわれば嫌われるだけ。逆に思い切って近づいて、むしろ「いじった」ほうが生き生きとやってくれる人もいます。

一つの基準ですませようとするのは精神の怠惰です。相手をよく観察し、相手の望む距離で接すれば、特に女性は力を発揮してくれますよ。

女性を味方につけるのは、仕事をスムーズに進めるためだけではありません。実はこうした日々の努力は、プラスアルファを伴うのです。

相手の女性にとって心地よい距離を保つことは、プライベートにおいては女性に好意を抱かれることにもつながるからです。男性と違って、女性はあまり一目惚れをしません（相手が福山雅治さんや木村拓哉さんなら、また話は別でしょうが）。

普通は、一緒にいる時間を重ねるうちに少しずつ加点を続け、ついにはこの人とつき合ってもいいなと思うことが多いのです。だから、相手の距離で振る舞えるということが、結果的に女性に「モテる」という正の副作用を伴うことも多いのです。

僕は作家を「モテた」「モテない」で分類するクセがあります。たとえば、志賀直哉や太宰治はモテました。一方、田山花袋や武者小路実篤はモテない派（ゴメンナサイ！）。前者の作家の描く恋愛や台詞からは、モテた男にしかわからない、男の魅力が生き生きと伝わってきます。

そうした「モテた」作家がつくり出した、真に「モテる」主人公を見ていると、「モテる」ことで自信を得て自信に満ちた行動をするものだから、それが魅力的に見えて、さらにモテる。そんなことがよく起きます。ここには「モテるからいっそうモテる」という同義反復的な構造があるのですが、実は現実社会においても同様です。

結局、女性との「距離感」を見定めて行動することは、仕事、プライベート双方の充実を可能にもする非常に重要なことなのです。だからこそ、「つらい」と言わずに、ぜひ頑張ってみてください。

女性に嫌われたら
すべて男が悪い——。
悲壮ともいえる
覚悟さえ必要です。

第16講 相手へのプレゼントは「空欄補充」で考える

先にも述べたように、僕自身はモノをもらうこと自体が好きではありません。昔から、どういうわけかモノをほしがらない性格なんです。

たとえば、今まで何本ものネクタイをいただきましたが、実際に身につけたのは3本だけ。では、その3本と、一度もすることのなかった他のネクタイとの差はどこにあったのでしょうか?

身につけた3本は、いずれも「あのスーツで、あのシャツのときに似合うと思って」という言葉とともにプレゼントされたものです。つまり、普段から僕をよく見てくれたうえで、具体的なコーディネートを考えたプレゼントだったのです。

こういうプレゼントができる人は、本人自身も間違いなくセンスのいい人です。だからセレクトも申し分なく、ありがたく着用させていただきました。

結局、プレゼントというものに対する向き合い方だと思うんです。

世の中には、自分の「お気に入り」をプレゼントする人がいます。そのことで、もらった人の世界が広がって、本当に喜んでもらえるという場合もありますから、一概に悪いとは言えません。しかし、これは明らかに前述した「自分のルールの押しつけ」なんです。

ネクタイの話に戻せば、ある女性から、彼女が今お気に入りのキャラクターのネクタイをいただいたことがありました。「かわいいでしょう」って言われても、僕はそんなキャラクターの印刷されたものは一度もつけたことがありません。普段の僕を見ていれば、ありえないセレクトだったのです。

相手を観察することなく、自分の好きなものをばらまいていく――。もちろん、それが功を奏することもあるでしょうが、多くは「無神経な人だな」、あるいは「センス悪いな」と否定的な評価をされることが多いのです。

相手をよく観察して、そこに欠けているものを贈る。これこそが上級者のやり方です。この頭の使い方は、僕が担当している現代文の「空欄補充」の問題とまったく同じ。プレゼントは「空欄補充」だと考えましょう。

空欄補充の問題は前後の文脈を徹底的に押さえて、本来そこにあったものを推測しつつ解答していきます。的確に空欄を埋める、さらには素敵な空欄の埋め方をすることで、本人の想像を超えるほど素敵なハーモニーをつくり出していく。これが、真のプレゼント上級者です。

相手をよく観察して、そこに欠けているものを贈る。これこそが上級者のやり方です。

第17講 「プレゼント力」も仕事における一つのスキル

「プレゼントの魅力は、その人自身の魅力に比例する」が持論である僕は、プレゼントがいかに難しいかを、さまざまな機会に語ってきました。

その難しさの一番の理由が、プレゼントはモノを贈るのではなく、心を、心遣いを贈るものであることです。

僕の場合はシャンパン好きであることが広く知られているので、プレゼントというとシャンパンをいただくことが増えました。大変ありがたいとは思いつつも、これがなかなか微妙。だから、自分が贈る場合には考え込んでしまいます。

たとえば、同僚の数学のS先生は真のワイン好きであるだけでなく、よく勉強していて該博な知識を持っています。そして、彼のブログには、

「僕はワイン好きですけど、何でもいいからワインが飲みたいわけじゃないんですよ。ワインはあくまでも好み。ワインあるから飲みますかとか言われても好みじゃな

かったらいりません」

と書かれています。こんな相手に、僕はとても恐ろしくてワインなど贈れません。

何が言いたいのか、もうおわかりですよね。相手の好きなモノや好みを知っているとしても、それをプレゼントするのは案外難しいということです。相手の好みというのは、相手のほうが詳しい、いわば専門分野。素人が挑んで、果たしてピンポイントでそれに合わせられるかどうか?

特にお酒のような嗜好品は、はたから見たら「同じ」に見えても、相手にとってはまったく別のものと見なされている場合も多いのです。ブルゴーニュのワインが好きな人（S先生です）は、ブルゴーニュのなかの、自分の好きなワインが好きなだけなのです。それを「ブルゴーニュがお好きなんですよね?」と自分の選んだものを贈っても、相手の心のなかでは、「いらねー」という判決が、他の分野よりむしろ早く下されてしまうのです。

徹底的に観察するとヒントが見えてくる

では、どうすればよいのか？

逆に、自分のお気に入り、つまりは専門分野のモノを贈る人がいます。先日、あるゆるキャラが好きだという方から、「先生も好きになってください」とグッズをいただきましたが、僕はそういうものにまったく興味がないので、その方が帰ったあとで、同じくそのキャラが好きだというスタッフに差し上げました。

だからといって、この方法がまったくダメというわけでもないのです。ちょっと興味があったという場合もあるわけで、そういうときには世界が広がるお手伝いができることにもなるのですから。

僕はプレゼントを贈ろうと決めた時点から、徹底的な観察をスタートします。先日、ある方に牛肉をお贈りして大変喜んでくださったのですが、それにはちゃんと根拠がありました。

「〇〇というステーキ屋さん知ってます？　先日連れて行ってもらったら、本当にうまくて」

「ロースですか？」

「いや、ヒレです。最近は脂っこいのはだんだん食べられなくなってきたんですよ」

こんな会話をしたことを覚えていたんです。そして、〇〇という店が松阪牛を供しているることを確認してから、松阪牛のヒレ肉をお贈りしました。

でも、これだって十分かどうかはわかりません。家庭で店ほど上手に焼けるかどうかという問題があるからです。それくらいプレゼントは難しいんですよ。

相手の好みの品を贈るか、それとも自分が好きな、詳しく知っているモノを贈るか――。あるいは、相手のさりげない言動からヒントを読み取って贈るか？

もはや「プレゼント力」と呼んでもいいでしょう。こうしたことをよく考えて、プレゼントも「勝負」だと思って贈る人がいるのです。

一方で、そんなことはまったく考えずに、キオスクで見つけたものを無造作に贈る人もいます。仕事をする長い月日のあいだには、それがその人自身の「スキルの差」となって表れても不思議はないのです。

PART 3

すべてを勝ち負けで考える

第18講 敗者に泣く資格はない。「すべて自分が悪い」と考えよう

判官贔屓（ほうがんびいき）という言葉をご存じですか？

「判官」とは九郎判官義経のこと。源義経ですね。彼はライバルの平家打倒に際して大活躍したにもかかわらず、兄の頼朝に疎まれて反逆者として追われる身になり、最後は悲劇の死を遂げます。このことに人々が同情を寄せたことに由来して、弱者に対して依怙贔屓の気持ちを持つことを、日本では昔から「判官贔屓」と呼ぶんです。

もちろん、僕にもこういう気持ちはありますよ。しかし、「でもねえ」と思ってしまうことが多いのも事実です。公平な勝負の場で競い合うスポーツ競技の場合には特にそうです。

そういうわけで、たとえばオリンピックで負けて泣いている選手を見ると、なんだか腹が立ってきてテレビを消してしまいます。よほど判定に疑問があるような場合なら別ですよ。かつてのシドニー五輪における柔道の篠原信一選手のような、明らかな

誤審ならわかります。

しかし、多くの敗北は実力不足の証明なのです。自分の力がおよばなくて負けただけじゃないですか。僕にすれば泣く資格もないよと思っています。まず、自分を倒した勝者に敬意を表するべきだ——。そう考えてもしまうのです。

先の篠原選手の場合、本当は一本勝ちだったのに、審判は技術不足でそれがわからなかったんですね。結局、判定は覆らず、彼の手に渡されたのは銀メダルでした。このケースは、悔し涙を流してもよかったのです。しかし、実際には「すべて自分が弱いから負けたんです」と、彼は潔く引き下がってしまいました。

一方で、勝者の涙は美しい。目的を達成するに至るまでの苦難を噛みしめるうちに落涙する——。素敵ではありませんか。

ところが、真の強者は泣かないんですよ。その例がウサイン・ボルト選手。彼が泣いたのを見たことがありません。だから、受験生にも「ボルトのようになりなさい」と激励しています。実際、真のトップ層は合格しても涼しい顔をしています。

不運のせいにしていたら成長はできない

受験の話をもう少ししましょう。

まず、受験は完全実力の世界です。最近は本当に入りやすくなっているので、運がよくて受かることはあります。直前でおさらいした部分が出題されて、それで受かったということはありえますからね。しかし、運が悪くて落ちるなどということは、絶対と言ってよいくらいありえません。

落ちた生徒は、すべて実力不足が原因です。ただただ準備が足りなくて落ちたのに泣きじゃくるような生徒を見ていると、かわいそうだとは思いますが、「そういうことではないんだけどなあ」と冷めた思いになってしまうのも事実です。

しかし、それ以上に嫌いなのは、たかが（あえてこういう表現をします）東大に受かったぐらいで泣いて喜び、大騒ぎをする生徒です。その気持ちがまったくわからないとは言いませんが、東大合格なんて単に人生のワンステップを突破しただけで、実際は何も始まっていません。

実際、真のトップ層で泣いて喜んだという生徒を見たことがありません。みんなさらっと受かって、すぐ次のステージに向けて走り始めます。だから、僕はあらかじめ授業でこう伝えておくんです。

「受かっても落ちても、くれぐれも大騒ぎしないでください。日本にカースト制はありません。だから、身分のせいで不合格にされることはありません。また、書類審査もないんですから、容姿も考慮されません。僕でも大丈夫でした（笑）。本当に平等です。公平なんです。君たちの書いた答案用紙だけで評価してもらえます。落ちるのは単なる実力不足。もし落ちたら『実力不足でした』とペコリと頭を下げてください」と。不運だなんて思っていたら成長は不可能です。

本当のトップは感情を揺らさない

かつて大阪の授業後に、こんなことがありました。

入試直前の最後の授業が終わったとき、いつもはさっさと帰ってしまうのに、珍しく数人の生徒が教室に残っていました。そろいもそろって飛びきり優秀な生徒たちでしたが、さすがに時期が時期です。

「もう直前なんだから、さっさと帰って勉強しなよ」

と僕が言うと、そのうちの一人がニヤニヤしながら、

「今、話していたんですけど、僕たちどうやっても落ちようがなさそうなんですよ」

と。残りの生徒もうなずきました。

彼らは全員東大理Ⅲ志望、すなわち日本で最難関の学部の受験生たちです。普通なら、「そうは言っても油断大敵だぞ」くらいのことを僕も言うのですが、本当の自信に満ちあふれた彼らを見ていたら、それすら不要であることを悟りました。

合格発表当日、東大で出会った彼らは全員笑顔でした。

「ね？　言った通りでしょう？」

かといって、特にはしゃぐこともなく淡々としている彼らの様子は、僕には非常に好ましく映りました。十分な準備を重ねて（彼らは本当によく勉強していました）、落ちようがない状況をつくり上げ、そのまま受かっていく――。そして大騒ぎもしないで、ただちに大学の勉強をスタートする。この姿勢は、我々社会人も学ぶべきものがあると思います。

いかに「勝負」という感覚で仕事に取り組めるか

もちろん、ビジネスは受験ほど「公平」ではありません。ある程度の運不運はあります。それでも不運を嘆いたところでどうにもならないのは受験と同じです。

では、どうやって幸運を引き寄せるか？　僕は、すべての物事に「勝負」という感覚を持ち込むという方法があると思い、自らも実践しています。

一つひとつの仕事を「勝負」だと思って、真正面から真剣に取り組む――うまくいけばそれでいいやという感覚を捨て、よりよい勝利を目指して貪欲に立ち向かう――。そうした姿勢を貫くことによって、運も味方してくれるようになる。そういうものだと考えています。

なんだ、当たり前のことではないか、と思われる方も多いでしょうね。しかし、仕事がうまくいっている人は、まず当たり前の真面目さを備えている人ばかりです。目の前の仕事に対して誠実になれない人に、幸運が訪れることなどありえません。

誠実に取り組んでいると、ときに気まぐれな幸運の女神がプレゼントをくれる、そういったものです。ただ、彼女は案外、押しに弱いのも事実です。

第19講 競争原理が個人も社会も成長させる

世の中を見ていると、多くの人が「いかに競争しないか」の競争をやっているようにも見えます。何事も人は人、自分は自分という相対主義で考えて納得してしまう人が増えたのではないでしょうか。たとえば、努力して成功している人を見ても、「あの人たちはお金持ち。僕はコンビニ弁当で十分なんだ」という発想です。

たしかに、今の平和な日本では、こうした考えでもそこそこやっていけます。特に最近のコンビニ弁当は本当に美味しくなりましたから、こういう声が出てもおかしくありません。

もちろん人生観は人それぞれ。僕の価値観を正しいものとして押しつけるつもりはまったくありません。ただ、資本主義は基本的には競争原理で動く社会であり、競争を避けた生き方は、そもそも社会の基本ルールに反しています。それゆえに、さまざまな困難が生じたとしても、それは自業自得でやむを得ないと考えられてしまう側面があるのです。また、景気の改善にも悪影響をおよぼします。

そう言うと「いやいや、景気が悪いから競争に参加できないんですよ」と反論されます。でも、昔だってみんなが貧しいなかで、少しずつ背伸びをして高度成長の時代を築いたのです。自然界には生存競争しかありません。人間がその英知で不当な競争から自身を解放したのは素晴らしいことです。特に、幼い子どもを過当な競争から保護する制度をつくり出してきたことは誇るべき功績でしょう。

しかし、だからといって、すべての競争を回避した生活を送るのは不可能です。それは、先にも述べたように、社会の基本原理に逆らうことだからです。今の日本社会を支配する資本主義は、やはり競争原理に基づく制度なのです。

自然的にも、社会的にも、我々は競争を回避できる存在ではありません。僕自身、ずっと「勝負」という感覚を抱いて仕事をしてきました。競争に勝つために努力し、精いっぱい戦うこと自体に害悪はありません。害悪が生じるとしたら、勝つためには手段を選ばないという勝利至上主義に陥ったときです。

先に述べたような人間存在の本質を理解したうえで、思い切り競争し、勝利を目指す生き方の尊さを、一人でも多くの人に理解してほしいと思っています。

第20講 何かに負けるとき、原因は主に三つ

これまで述べてきたように、僕はすべての仕事を勝負だと思って臨んでいます。

予備校の講義で、授業の内容がわからなかったという生徒が一人でもいたら、それは僕の「負け」。大いに反省し、授業内容を徹底的にチェックします。

また、テレビ番組の収録でも、一つ終わるたびに「いいコメントができたから勝った」とか、「コメントのタイミングが少しズレたから負けだ」といった感じで、絶えず判定を下しています。

テレビの仕事に関して言えば、最近ではMCを任せていただけることが増えました。自分の思い通りにできるからいいだろうと思われるかもしれませんが、責任が重くなった分だけ、チェックが厳密になったというのが実情です。

オンエアを見て反省する機会も増えました。特にイマイチだなと思うシーンは何度も見直します。自分のミスから目を背けたくなるのが人の常。しかし、それに正面か

ら向き合って、どうすれば改善が可能かという真摯な努力からしか得られないものが実に多いのも事実です。

そうやって、仕事は「勝負」だという思いでやってきたなかで、主な敗因は三つなのではないだろうか、と考えています。

それは「情報不足」「慢心」「思い込み」。

仮に「悪徳業者」と取引して大損してしまったとしましょう。敗因はその取引先をよく調べなかった情報不足かもしれません。あるいは「オレがダマされるはずはない」という慢心か、「あの人の紹介だから大丈夫だろう」という思い込みかもしれない。冷静になって検証すれば、必ず敗因はどれかに当てはまるはずです。

あえてもう一つ挙げれば、想像力不足でしょうか。今挙げた三つと、目の前に広がる時間と空間を見通す感覚が足りなかった。つまりは想像力が足りなかったということが相まって、結局は大きな敗北に至るのです。

ここで一番大切なのは、敗北を絶対に人のせいにしないこと。それでは敗北がさらなる敗北を生む状況を招いてしまいます。すべて自分が悪い、そして自分の改善すべきポイントはここだと自己分析することで、初めて敗北が次の糧に転ずるのです。

第21講 「一発逆転」が必要な状況をつくらない

不利な状況でイチかバチかの勝負に出たら、一発逆転が決まって鮮やかな逆転勝利！　少年コミックなどでよくある王道のストーリーです。では、なぜ人はこういう逆転ストーリーを好むのでしょうか？

それは、現実にはあまり起きえないことを、代わりにフィクションの世界で楽しんで、現実のはけ口にしているからだとも考えられませんか？

生徒たちには常々言っています。

「模試でD判定やE判定から受かったという合格体験記はたしかに存在する。しかし、そんな武勇伝はめったに起きないからこそ、わざわざ出版社も本にしたんですよ」

そう、少年コミックの奇跡の大逆転ストーリーと構造は同じです。

たとえば野球の試合でも、鮮やかな逆転勝ちは人々の印象に残ります。同じように、そんな試合はめったにないからです。

もちろん、ときに起こるわけですから確率がゼロではありません。しかし、日常のビジネスにおいては、そんな確率の低い成功を目指すわけにはいかないのです。

「今に見ていろよ。いつかひっくり返してやるからな」

状況が悪いなかで、そういう気概を持つことはもちろん必要です。しかし、より大切なのは、逆転しなくてもよいような状況をつくることです。先に受験の例を挙げましたが、やはりA判定の生徒は合格する確率が高い。これと同じことです。

地道な日常の積み重ねで「A判定」を出し続ける。これこそが、ビジネスマンにとって大切なことなのです。

当たり前のことを当たり前に

しかし、「逆転してやる」という思いを抱くことがあるのも事実。実は、それはそれで前向きに生かしていくこともできるのです。それには、以下のような冷静な分析が必要になります。

①なぜ「逆転」を目指さねばならない状況に陥ったのか？

②似たような立場にいて、「逆転」など考えなくてもよい人と自分との違いは、いったい何なのか?

そんなふうに、自己分析、さらには他者との比較を厳密に行って、二度と「逆転」を試みなくてもよいようにすることが大切です。

2013年、反骨精神あふれる銀行員が「倍返しだ」と啖呵を切り、自分に不利益を与えた相手にやり返すというドラマが大ヒットしました。非常に面白く、よくできたドラマでしたが、あくまでフィクションの世界の台詞です。みなさんもお気づきでしょう。現実の世界で「倍返し」など不可能だということを(だからこそ、あのドラマは異例の大ヒットになったのです)。

現実には、そんな台詞を使わずにすむよう日常的な努力を怠らない。こんな当たり前のことが、いつの世でも大切です。

それでも、ときに生じる「逆転」が必要な事態においては、先のような分析を踏まえて、その時点のベストを尽くす。これもまた、当たり前のことを当たり前に行っていくしかないのです。ドラマのように、奇跡のヒーローはめったに現れません。だからこそ、日々コツコツ努力しようという気にもなる。そう考えるべきなのです。

第22講

負けは消えない。「取り返そう」という発想の危うさ

以前、テレビの競馬番組のゲストに呼んでいただいたとき、たまたま35万円ぐらい勝ったことがありました。「大儲け」のように見えるかもしれませんが、今までのトータルで見たら完全な赤字です。

これからも勝ったり負けたりするでしょうが、僕には一つの確信があります。それは、僕が人生でギャンブルに注ぎ込んできた全資金は、たぶん取り戻せないだろうというものです。それはなぜか。

そもそもすべてのギャンブルは、絶対に胴元が勝つようにできています。中央競馬はJRAが、パチンコはパチンコ店が勝つようにできているのです。だからこそ、トップジョッキーはあんなにも大きな家に住んで、すごい車を乗り回しているのです。

ギャンブルに参加する人は、まず99%負けます。だから、負けたくなければ参加しないこと。これは間違いなく一つの「必勝法」です。

そういうことがわかっているのに、なぜ僕はギャンブルをやってきたのか？　もちろん、若いころには勝ちたいと思って、ごくわずかな1％の勝者になれるのではないかと思ってやっていた時期もあります。

しかし、ある時期からは勝とうという思いは消え、見えない流れの見方や勝負勘を養う練習になると思ってギャンブルをたしなんできたように思います。さらに言えば、自分が絶対に勝てない戦いの構造を知るための訓練だったと思います。というわけで、負けた分を取り返そうという発想は、僕にはありません。

若いうちに負けておく

こういう知見をギャンブルから得たからといって、僕は人にギャンブルをすすめようとは思いません。実際、ギャンブルが原因で生じた悲劇は数多くありますから。ただ、上手につき合うと、モノの見方がわかるというか、負けたときの冷静な対処法を身につけることが可能になるのも事実です。

特に負けを取り返すことの不可能さを痛感することは、負けないように備えを十全に行う姿勢を生み出します。そこに一番大きな価値があるのです。

ギャンブルをしない人を見ていると、こういったことを無視した行動をとって、自ら窮地に陥っているような場合が案外多いです。どう見ても無理なポジションから「取り返します」と力んで、さらにまずい状況を招いてしまう。常勝は不可能なのですから、ときには上手に負けることも大切です。

ギャンブルは「諸刃の剣」。それで身を滅ぼす危険性もある一方で、今述べたように、窮状での冷静な対処法を学ぶことも可能です。結局はその人次第なので、悩んだ末に、あえてここでスペースを割いて説明しているわけです。

前項でも述べたように、「倍返し」は現実には不可能。「負けたらやり返せばいい」という考えは甘いんです。

多くの「負け」体験を、できれば若いうちに積んでおいて、負けない態勢を上手にとれるようになることが一番重要なのです。

第23講 圧倒的な戦力差をつけることの意味

僕自身、昔からやり返すという感覚は非常に希薄です。あの人にやられたからやり返したという記憶もありません。しかし、これはやられないような準備を人一倍してきたからだとも言えます。逆にやられるのは、競争社会に生きるなかで「こいつは弱いな」と判断されたからなんです。

これが学校なら、弱い者いじめはよくないと止めてくれる人が出てくるかもしれませんが、ビジネスでは「弱いものを叩け」が鉄則。特に景気がよくなければ、そういった傾向はいっそう顕著に表れます。

逆に言えば、「この人と戦っても勝てないな」と相手に思わせる状況を先につくってしまえばいいのです。ただし、少々上回った程度では相手から仕掛けられる可能性が残ります。イチかバチかの勝負を挑めば勝てるかもしれないと思えば、相手も挑んでくる可能性があります。

実は、そういう印象を与えることこそが敗北の始まりなのです。だから、そうならないために、圧倒的な差を見せつける必要があります。

生徒の評価がすべて

こういう考えは、岡崎久彦氏の『戦略的思考とは何か』（中公新書）から学びました。この本には、敵の倍以上の戦力があれば一般的には負けない、という趣旨のことが書かれています。ということは、自分の2倍は強いと感じたら敵は仕掛けてこないわけです。

これを読んだ僕は、なるほどそういうものかと心服し、以来ずっとそういう状況をつくることに腐心してきたように思います。

たとえば、僕が20年以上もやってきた予備校講師という職業においてもそうでした。多くの業種ではいかに固定客を増やしていくかが肝要ですが、そもそも予備校という業種には固定客がいません。だって、「田中さんの息子さん、あの予備校にもう10年も通っているわよ」などというわさが広まれば、普通の親御さんならそんな予備校に子どもを入れるのをためらうでしょう。万が一にも「固定客」がいたら、それは予備校にとって大きなマイナスなのです。

毎年入れ替わる生徒を前に、講義の中身に工夫を凝らすのは当然のこと。生徒目線に立って、生徒の頭のなかに広がるイメージを想定しながら説明を工夫します。「伝えよう」としていることが、本当に「伝わって」いるのか？　よい説明なら生徒がわかってくれるはずだ、などという甘えは僕にはありません。

毎年入れ替わっていく生徒が、実感をもって理解できる説明がよい説明なのです。だから、質問が出たら自分の説明を徹底的に見直します。毎年、「ここがわかりません」と同じ質問をされても平気な講師もいますが、そんなことは僕にはありえません。

また、生徒の受けが悪くなってくると、「今どきの生徒は」と生徒の悪口を言い始める「大御所」も多いのですが、そういうことも僕にはありません。

絶対に自分を基準にしない――。とにかく、生徒の評価が正しいという思いのもと、ここでは書けないようなさまざまな工夫を凝らしてきました。

それもこれも、「1対2の状況」をつくってしまえ、という思いに基づくものです。

相手を諦めさせてしまおう

予備校講師として過酷なサバイバルを勝ち抜いてきましたが、あの先生には勝てなかったとか、してやられたという感覚は一度もありません。特に、こうやってマスコミに頻繁に出るようになってからは同業者のバッシングがすごかったのですが、いつの間にかそれもほとんどおさまりました。

これまでの予備校講師という仕事においては、「1対2の状況」をつくろうという努力をずっと続けてきた結果（それが実現できていたかどうかはともかくも）、「やり返す」という思いが生じないままにやってこられたのです。

現実のビジネスの世界で「1対2の状況」が実際につくれるかどうかはともかく、相手が諦めてしまうような大差をつけるべく努力することこそが必要なのです。

第24講

お金はあくまでも手段。最終的な目標にしてはいけない

あなたの人生の目的は何ですか？　充実した仕事、素敵な恋愛、温かい家庭、趣味への没頭……など、人によってさまざまでしょう。

まさかとは思いますが、「お金儲け」と答えた人はいませんよね？

何かの事業を志していて、その資金をコツコツ貯めている。それはいいんです。なぜなら、この場合のお金は「手段」ですから。しかし、お金の魔力はなかなか強くて、特に「手段と目的の逆転」という恐ろしい事態を引き起こします。

つまり、お金を稼ぐこと、貯めること自体が目的になるという、おかしな状況を引き起こすのです。僕も50年近く生きて多くの人を見てきましたが、不思議に小さいころに貧しい暮らしの経験があるほど、この魔力に負ける人が多いようなのです（本人の責任ではないだけに、難しい問題であるのは事実です）。

たしかに、お金は大切なものです。お金があることで可能になることも多く、とき

にはそれで救われる人もいます。しかし、どうあっても、お金は「目的」としてはならないものなのです。ある価値を証明するために存在しており、それ自体の価値は、ありていに言えば紙切れにすぎません。

このお金の位置づけは、受験勉強における「英語」に似ているような気がします。受験生は一生懸命英語の勉強に打ち込みますが、英語の勉強ができたところで、それだけでは実は何の役にも立たないのです。

英語を使って外国の人と交流する、あるいは海外に自分の意見を発表する、さらには英語で書かれた文献が理解できるといったことで、初めて学んだ英語が生きます。英語を生かすためには、英語で伝えたい、あるいは理解したいと思う世界が充実していることが必要です。

英語という科目は他と異なり、「手段」の科目なのです。英語学者になって英語そのものを研究するならともかく、そんな生徒はほんの一握り。英語を一生懸命勉強したその先の目標がしっかり定まっていないので、結局そこで終わってしまう。

本当は学んだ英語を用いてどうしていくかを考えることが大切なのに、その前の段階で終わってしまう生徒があまりにも多いんですよ。

目的をはっきりさせる

話を戻しましょう。何度も述べているように、あくまでお金は「手段」であり、何かの目的のために存在する従属的なものです。しかし、それなくして我々は生きていくことはできません。だから、その本質を忘れることなく、この魔力を備えた恐ろしい存在と上手につき合う「知恵」を身につけていかねばならないのです。

高校生くらいになったら、海外のようにお金をめぐる実践的な教育を始めてもよいのかもしれませんね。しかし、日本ではそうした制度はまだまだ不十分ですから、結局一人ひとりが実体験を通じて学んでいくしかありません。

お金が手段であるということは、必ず目的があるはずです。ということは、まず目的が何かをはっきりさせることが、その手段たるお金の性格を明確にすることにもつながります。（特に高い）目標を持っている人で、お金にこだわる、いわゆる「守銭奴」だなと思うような人はまずいません。

結局、まず目標をしっかり定め、その「手段」としてのお金を大切にしていく人が、お金と上手につき合える人なんだと思います。お金との関係は我々が死ぬまで取り組まねばならない大きな課題ですが、なんとかうまくつき合うための知恵を身につけたいものです。

「安ければよい」を卒業しよう

お金について、もう少し述べましょう。

僕には若いときから「安くてよかった」という感覚があまりありません。たとえ高額であっても、その技術や価値にふさわしいお金を払いたいとずっと思ってきました。その理由は、僕自身が高い評価を受けたいし、それに見合った報酬がほしいと考えているからです。

もちろん、まったく同じものが安く売られていたら、当然そちらを買いますよ。しかし、クオリティーを認めた品が安く売られていた場合には、「安くてよかった」より、「これはもっと高くていいのではないか」という思いのほうがずっと強いのです。

そもそも、多くの人は自分自身は人から高い評価を受けたいと思っていますよね。

なのに、他の人の提供する商品やサービスに対しては、安ければ安いほどいいという感覚を持つのはおかしいと思いませんか?

そういう感覚では、結局は自分の技術や仕事の価値が買い叩かれることになってしまうのです。相手の仕事を値切れば、結局自分が値切られる。だから、相手の高いレベルの技術やサービスに対してリスペクトの気持ちを持たなければなりません。そして、それにふさわしい対価を喜んで支払いましょう。

現代のように安ければいいという世の中では、結局自分も安売りすることになると考えるべきなのです。

その価値にふさわしい価格を喜んで払える人間になろう――。そういう思いをより多くの人が持てば、景気も多少なりともよくなると思うのですが。

お金によって
何を実現するか。
目的をはっきりさせれば、
お金と上手につき合えます。

第25講 お金は稼ぎ方より使い方のほうが難しい

まさに見出しの通りです。

僕は生徒に同じことをよく言っています。

天才的な稼ぎ方をする人は世の中にたくさんいますよね。動物的とも言える勘で商機を逃さず、大金を手にして成功者ともてはやされる人は枚挙にいとまがない。お金を引きつける磁力のようなものがあるんでしょう。でも、そういう人がお金を使うほうも上手かというと、そうでもない場合があります。

たとえば、テレビ番組のお宅訪問のコーナーで紹介されるお金持ちの邸宅を見て、僕はいつも呆れています。すごく広いリビングをつくりました。大理石のテーブルを入れました。ヒョウの毛皮を敷きました。甲冑を飾りました。有名画家の絵を飾りました。そう、あまりにもワンパターンで、個性のかけらも感じられないケースがほとんどです。いったい、なぜこんなことが起きるのでしょうか？

どこかで見たお金持ちのイメージを、忠実に再現（というより模倣）しているからです。厳しい言い方をすれば、自分らしいお金の使い方をするだけの真の「教養」がないのです。

お金は、その使い方で人を試す実に恐ろしい「物差し」です。もちろんなければ困りますが、あったらあったで我々の知恵が試される。お金はうまく稼ぐのも難しいが、うまく使うのはそれ以上に難しいのです。

では、どんな人が素敵なお金の使い方をしているのか。やはり、そのためには先にも述べたように教養が必要なのです。教養のある人は、お金を手にしてもはしたない使い方をしないもの。みんなが喜んでくれるようなイベントを開催して、さりげなく費用を全額払ってしまう――。

そんなふうに、自分の努力の成果を見せびらかすことなく、一瞬にして多くの人を笑顔に変えてしまう演出を見ると、僕も学ばなければと思うことがしばしばあります。

お金とは、自分の知恵が、教養が、さらには品格が試される、恐ろしい「物差し」であるという自覚が必要です。

意識してお金の使い方を覚える

では、どうやってその知恵と教養と品格を身につければよいのでしょうか？

はたで見ていて、「はしたないなあ」というお金の使い方をする人（そんな人には「成金」という称号が与えられる場合も少なくないのですが）を見ていると、ある程度の年齢を重ねてから急に大金を得たというケースが多いのです。

若いころは思うようにお金を使うことができなかった人が、あるときから急に自由にできるお金が手に入ったという場合でしょうか。一方で、若いころからしっかりお金を使ってきた人にはそういうケースが少ないようです。

前述したてんぷら屋さんのご主人は、その著書で「使った分が自分の財産だ」という旨のことを書かれています。若いころに骨董屋で見つけた逸品がどうしてもほしくて、もらったばかりの給料を封も切らずに持って行って手に入れたという話も書かれていました。

こういう方が、結局は大成するんですよ。だから僕は、特に若い人にはお金を使うという意識をしっかり持ってもらいたいのです。

将来が不安だからお金を貯めなきゃ、という価値観が大勢を占める今の時代。そういう意識ももちろん大切ですが、ここまで述べてきたように、お金を上手に使うには知恵と訓練が必要です。頑張った末にある程度のお金を手にしたとき、情けない使い方をしないようにするためには、若いころからの練習が必要なのも事実なのです。

何を買ったらいいかわからないから、周りのお金持ちと同じような豪邸を建て、似たようなモノをそろえて内装を飾るというのでは、少し寂しい気がします。

使ったお金は「財産」だと考える

僕もずっと貯金もないような生活をしてきましたが、それでも世の中で「一流」と言われる店で飲食することを心がけていました。すると、同じ店内には優雅に食事している「お金持ち」の方々が多数いて、僕がギリギリで（ときには青ざめながら）支払っている額を、余裕で払っているように見えたものです。

いつも敗北感がありましたね。こういう店に来なければ味わわなくてもすむ敗北感です。ならば来なければよいのか？　それはもっと大きな敗北のように思えたので、僕は無理を続けたのです。振り返ってみると、あのときに無理をしたからこそ、今になって助かっていることが多々あることに気づきます。てんぷら屋さんのご主人がおっしゃるように、やはり使ったお金は財産なんですよ。

若いうちであれば、法外な買い物をしてしまったと頭を抱える日があっていいんです。いつか何百倍になって返ってくるかもしれません。3万円もするオペラのチケットを衝動的に買ってしまい、十分に堪能したあとでふと我に返り、「どうしよう……」と明日が不安になるようなことは、若いからこそ味わえる素晴らしい経験です。

あえて繰り返します。若いときに無駄遣いはありません。生きた財産を増やしているだけなのです。バカなことをやったなというのも勉強。もし価値のないものにお金を使ってしまったと思っても、それは授業料を払っただけであり、そうやって手に入れた経験はかけがえのない財産です。

第26講

お金を使った経験が「内なる財産」になる

食生活に関して言えば、僕はずっとベストを追求してきたように思います。エンゲル係数という概念がありますが、常識外れの数値をずっと記録してきました。バブル時代に大学生活を送ったこともあって、当時から一回の食事に1万円、1万5000円といった額を平気で支払う感覚が身についてしまったのです。

当時は「これが最高のお寿司なんだよ、覚えておきなさい」と教育のために連れて行ってくれる方もたくさんいました。もちろん値段がすべてではありませんが、自分が普段食べているものと同じジャンルとは思えない、完成度の高い料理に出会ったときの感動は今でも鮮明です。

もう30年近くも前のことです。父が奮発して連れて行ってくれた、かなりお高いお店で出されたお造りのなかのトロはオレンジ色をしていました。普通トロと言えばピンク色ですよね。なのに、そのトロは紛れもなくオレンジ色だったのです。不思議だなと思いつつも、不安を抱くようなお店ではありませんから、迷いもなく食べた瞬間、衝撃が走りました。上質な甘みと旨みが一瞬にして溶け去って行ったのです。この「オレンジのトロ」の後遺症はしばらく残りました。

しかし、その後ずっとそんなトロには出会うこともできず、もうすっかり忘れていたところ、20年以上たって赤坂のてんぷら屋で偶然再会を果たしたのです。思わず息を呑んで食べるのをためらい、ようやく落ち着いてから、「これがオレンジのトロですよ！」と同席していた人に言おうとしたときには、その方はすでに実に無造作に食べ終えたあとでした。

こういうことが内なる財産だと思うのです。だから、僕は若いスタッフを、僕が最高だと思う、寿司、鰻、フレンチといったお店にできるだけ連れて行くようにしています。ときに「学生に贅沢させてどうするんだ」というお叱りを受けますが、誰かが教えなければいつまでも知りようがありません。

それに、こうしたことをするのは僕にとっていわば恩返し。かつて僕に教えてくれた大人にはもう返しようもありませんから、そのときの感謝を、こうした形で示しているのです。

最高の職人さんと対峙する最高の食事

その代わりと言ってはなんですが、前述した通り、モノに対するこだわりはほとんどありません。物欲が乏しいのでしょうか、高級車がほしいとか何かをコレクションしたいというような所有欲がまったくないんです。

僕が好きなのは、美味しいものを食べること。そして、その美味しいものをつくる職人さんと楽しい時間を過ごすこと。そんな僕が気に入っている店に知り合いを連れて行くと、「どの店に行っても同じオヤジが出てくるな」と笑われます。

たしかに、僕が気に入っているのは職人気質の厳しい大将が仕切っている店ばかり。だいたいカウンターがメインで、10～20人ぐらいのお客しか入れない小さな店がほとんどです。なかには6～7人しか入れない店もあります。

一人の職人さんが命がけで守っている空間には、よい緊張感が張りつめています。それがまた心地よいのです。ところが残念なことに、最近ではそうした奥深い雰囲気がわからない若い人が増えています。本人の感性の問題も大きいのですが、それ以上に、我々大人が教えていないことも大きいのだと思います。

第27講 飲食店情報サイトで〝本物の店〟を見つけることはできない

僕が素晴らしいと思う店や最高の技術があると思う店は、不思議なことにネットの飲食店評価サイトでは5点満点でだいたい3点台。つまり平均的なレベルです。なかには、もっと低い評価を受けている店さえあります。

そんな店のなかから一軒を選んで、テレビ番組で紹介したことがあります。寿司屋だったのですが、共演者全員が口々に「素晴らしい」とほめてくださいました。それだけではなく、トークが始まる前に全員が自分の分を食べ終えてしまったのです。そんなことはそれまで一度もなかったと、寿司を食べることができなかった番組スタッフが羨望を込めつつ教えてくれました。それくらい素晴らしい寿司を出してくださったんです。

ところが、その店のネットでの評価は3.0点。つまり「並」といったところで、何の予備知識もない人が最初にその評価を見たら、積極的に行こうとは思わないでしょう。

ネットにある店の評価は「物差し」の一つにすぎません。僕が見るに、ランチの評価や、特にコストパフォーマンスがよいかどうかに左右される度合いがあまりに高いように思われます。

また、いったん評価が高くなると実態を超えて高くなり、逆に誰かが低い評価をすると、またその方向に加速するといった付和雷同の動きを示すようです。

美味しいものを探し出せるのは自分の足と舌だけ

さらに言えば、先にも述べた「安ければよい」という価値観が支配的であることと無関係ではないと思います。本当によいモノには、それにふさわしい対価を払うべきだという価値観をもっと多くの人が持っていれば、評価はまた変わるはずです。

それ以前に、自分が納得できる店がすでにあり、優雅に楽しんでいる人は、ネットの評価にまったく参加していないという問題もあります。ちなみに僕自身、一度も書き込んだことはありませんし、僕の周囲に聞いても誰一人として書き込んでいません。

ネットの評価の主はいったいどういう人なんでしょう？　コメントを見ると、この人はよくわかっているな、ときには「慧眼の士」だな、と思う場合もあります。

しかし、本当に味のわかる人が、たとえば寸秒を争うてんぷらをいちいち写真に撮って載せるはずがない。それなのに、そんなことを平気でする人の評価に振り回されるなんてバカげています。

ネットの評価は玉石混淆。貴重な情報を与えてもくれるのですが、結局はこちらの分析力が問われるのです。

やはり自分の足と舌で探す努力が必要です。もっとアクティブに目と足を使えば、新しい世界を知ることができるし、それが仕事にもつながります。

ネットが発達して本当に便利になりました。しかし、便利は絶えず諸刃の剣であって、自分の足を動かし、目で見ることでしかわからないこともあると肝に銘じるべきなのです。

ネットのおかげで
便利になったとはいえ、
自分の足を動かし、
目で見ることでしか
わからないこともあります。
SMBC

第28講 会食も「勝負の舞台」になりうると心得ておく

僕の携帯電話のメモリーには、京都の平安神宮の電話番号が登録されています。

理由は、枝垂桜（しだれざくら）の開花情報を問い合わせるためです。毎年桜を見るのが大好きで、まず3月のエドヒガンザクラあたりから始まり、次が普通のソメイヨシノ。そして枝垂桜へ。

だから、その時期が近づくと平安神宮に「桜はどうですか」と問い合わせ、「まだです」と言われながら楽しみに待ちます。ついに「満開です」と言われたら、すぐ新幹線に飛び乗ります。これは完全に恒例行事となっていて、この20年間で見逃すことはまったくなかったのに、生活が激変した２０１３年以降はご無沙汰しています。つくづく残念なことだと思っています。

でも、たしかに枝垂桜は美しいものの、なぜ京都の、しかも平安神宮なのかと思われる人も多いでしょうね。京都なら円山公園ではないかとも。

実は、こういうことが始まるきっかけとなったのが、大学時代に読んだ谷崎潤一郎の小説『細雪』なんです。あの作品に、平安神宮の枝垂桜の美しさが表現されている場面があります（ちなみに円山公園の枝垂桜に関しては、その衰えが指摘されています。もっとも、現在では谷崎氏が見た桜から代替わりしていますが）。

それだけ美しいものなら、僕も見なければ悔しい。文豪谷崎と張り合うのもどうなんだという話ですが、彼が見つけた世界を自分が見ないで終わってしまうわけにはいかない。少なくとも僕はこう考えるのです。

見方によっては教養主義だと揶揄されるかもしれませんね。ともかくも、旧家の美しき四姉妹（よく考えると、かなり非現実的な設定ですね［笑］）の恋愛を描いた、あまり生産的とは言えない作品が、僕の生涯にわたる京都来訪に多大な影響を与えたことは事実です。

極限状況における、極限のもてなし

谷崎氏から、僕はいろいろなことを学びました。そのなかには、人生には損得を考えずにお金を使わなければならない場面がある、という教訓もあります。

こんなエピソードをご存じですか？

終戦直前、疎開中の谷崎氏のもとに永井荷風が訪れました。荷風氏は谷崎氏を文壇に導いてくれた恩人です。彼の後押しがあって、谷崎氏は文士の道を踏み出すことができたのです。

さて、そんな荷風氏を谷崎氏はどのようにもてなしたのか？　もちろん終戦前夜ですから食糧難のまっただ中。ろくな食材は手に入りません。それなのに、なんとすき焼きを振る舞ったのです！　しかも、これまた入手困難だった白米、つまりは銀シャリも十分に用意して。帰り際には余ったごはんでおにぎりまで持たせたそうです。

材料をそろえるために莫大なお金がかかったことは想像に難くありません。一説によると、今のお金に換算したら全部ひっくるめて１００万円以上もかかったとか。

一方、このようなもてなしを受けた荷風氏の心中はいかなるものだったでしょうか？

『断腸亭日乗』は荷風氏が、死の前日まで40年以上もつづった日記として（もしかしたら「文学」として）有名な作品です。

そのなかで、このときのことは、ごくあっさりと述べられているだけです。これだけのことをしてもらったんですから、もっと詳しく書いてもよさそうなものですが、そうでもないのです。いったいどうしてでしょうか?

『断腸亭日乗』は、その日の天候と「正午大黒屋」と一行のみ書かれた晩年の記述がよく知られています。「大黒屋」とは荷風がこよなく愛したお店で、いつもカツ丼を食べていたことも、これも知る人ぞ知る話です。

晩年こそこういう淡泊な記述になったものの、戦争当時はさまざまなことが詳しく書かれていました。

これはあくまで僕の憶測ですが、書かなかったのではなく、書けなかったのではないかと思うのです。荷風氏にしてみれば、ある種の「勝負」に負けたわけで(もちろん、そういう感覚を持たない人もいるでしょうが)、何とも言えぬ苦い思いが込み上げ、詳細に書く気になれなかったのではないかと。

しかし、完敗を喫したときには、それを潔く認めることも必要なのです。そしてそのことが、そのことのみが、次の勝利を呼び寄せるのです。

人間関係には適度な緊張感も必要

その後の二人が歩んだ軌跡は対照的です。戦後、谷崎氏は戦時中に発行差し止め処分を受けた長編『細雪』の全編を発表するなど、続々と傑作を生み出していきました。一方の荷風氏は、いくつかの作品は発表していますが、戦前に発表した作品を超えたものがあったとは言い難いのです。

先のすき焼きをめぐる話と、二人のその後とは、安易に短絡できるものではないでしょう。しかし、まったく無関係だとも思えないのです。もし荷風氏が「いやあ、谷崎にしてやられたよ。あの状況でこんなふうにもてなしてくれてね。あいつには本当に参った」と、谷崎を絶賛するような文章を書くだけの余裕があったならば、戦後の彼の歩みは異なったものになったような気がしてならないのです。

バカバカしいと思う方もいるでしょうが、男同士で食事を振る舞う際には、やはり「勝負」という感覚が伴う場合があるのです、少なくとも僕はそうです。

だから、特に優秀な後輩を食事に誘うときは、「どうだ、参ったか」というレベル

人生には、損得を考えずにお金を使わなければならない場面があるのです。

の店に連れて行きます。

そう、男の勝負なんですよ。

やはり、バカバカしいですか？（笑）

でも、こちらが見込んでそういった勝負を仕掛けるような後輩は、次の機会には「今度は僕に！」と、これまた「どうだ」と仕掛けてきます。殺伐としているととるか、それともよき緊張感があるととるか？　僕には、もう少しバチバチしたほうがいいのに、と思う若者が多すぎるように思えるんですが。

「勝負だ」という気構えが、次の飛躍のチャンスにつながることがままある。自身と照らし合わせながら、この谷崎氏のエピソードを考え直してもらえばいいな、と思っています。

第29講

「特別扱い」は実は平等。裏メニューを喜んではいけない

人をもてなす話をもう少し続けます。少し角度を変えましょう。

たとえば、接待相手を連れて来たとおぼしき客が、「大将、アレ出してよ」とか、「例のヤツ、○○さんにも食べさせたいんだ」と要求する場面を目にしたことはありませんか？　いわゆる「特別メニュー」のおねだりです。

頼んでいる当人は喜んでいるのでしょうが、もてなされている相手も同じように喜ぶはずだと疑わないのはいかがなものでしょう。自分が常連になっている店で、これ見よがしに、「この料理はメニューにないんだけど、オレには特別に出してくれるんだ」と自慢するわけです。

しかし、そういうことをする店は、「特別です」と言って他のお客さんにも出している可能性が高いのです。そもそも、たった一人だけのお客さんにだけ出していると考えるほうがおかしいとは思いませんか？

結局、この手の特別扱いは実は平等で、みんなが同じサービスを受けているという場合が多いのです。

だから、僕はその手の「裏メニュー」を売りにしている店自体が好きではなく、そういう店には基本的には行きません。今まで僕が行って「ここは一流だな」と思うのは、すべて「普通」のサービスを平等にしてくれる店ばかりでした。「メニューに書かれているものが、うちの店が出すすべて。丹精込めてつくった『特別』な料理ばかりなんです」と言わんばかりの堂々とした姿勢に、僕はプライドを感じます。

ただし、接待相手がそういう「特別扱い」を喜ぶのであれば（案外多いのですが）、人に聞いてでも、もちろんお連れしますよ。

ただ、長く通っている店でこんなことがありました。その店には、もちろん裏メニューなどありません。そんな店のシェフが、帰り際にボソリと言ったのです。

「今日のあのお魚の料理はいかがでしたか」

「ええ、とても美味しかったですよ」

「あの料理は今日、20名の方にお出ししましたが、やはり自然のものなんで、どうしても1位の魚もいれば、20位のものもいるんですよ」

シェフの話はこれだけです。みなさんはどう受け止めますか？　僕に出されたのは、いったい何位の魚だったのか——。シェフはその1位の魚を、その真価がわかるお客さんだと見込んで出したはずです。それは僕だったと信じたいのですが、はたして僕だったのだろうか、という思いも消えません。

しかし、「1位の魚」を出してもらったお客さんが必ずいるのです。それこそが真の特別扱いなのであり、それは裏メニューではなく、通常サービスの中に潜んでいることを知るべきなのです。

とにかく基準は相手

相手の満足を基準に考えた場合、高額の店に連れて行くことだけがよいもてなしではないことは明らかです。

たとえば、僕は毎年、東進ハイスクールの御茶ノ水校で授業する際に、校舎周辺の『B級グルメとカレーの美味しい店リスト』を受講生に配ります。なぜカレーとB級グルメかといえば、御茶ノ水から神保町にかけては、日本一のカレー屋の密集地区であり、また、B級グルメの名店も割拠しているからですが、それだけが理由ではありません。

生徒たちの財力を考えているからです。生徒は高校生で、基本的にはご両親からもらったお小遣いで食事をしているはず。ですから、その範囲で行ける店を紹介しないと意味がありません。

もちろん、高級フレンチやイタリアンのリストだってつくれますよ。しかし、そんなものを渡すのは、まさに自己満足にすぎません。もうおわかりですよね。自分のしたいことをするのではなく、相手の立場に立って、相手がしてほしいことを優先すべきなのです。そして、こういう「相手を基準としたもてなし」を続けることが、結果的に自分のプラスに働くことが多いのです。

ちなみに、そのリストを活用して何軒も食べ歩くような生徒はほぼ志望校に受かります。理由は簡単で、そういう生徒はまず好奇心にあふれて、かつ行動力も豊か。それだけでなく、食事という視点から、一つの街を頭のなかで構造化しようとする意識が強いとも言えるのですから、その頭の使い方がそのまま受験にも通じるのでしょう。

逆に「行こうと思っているんですが、なかなかチャンスがなくて……」というタイプは、結果が芳しくない場合が多いですね。機会なんてあるかないかではなく、つくるかつくらないかです。少なくとも一度は、「よし、林のリストの店に行ってみよう」と行動を起こせないようではダメなのです。ときには食事を二回したっていいではありませんか。

PART 4

自己演出と自己管理の方法

第30講

物事が「そうであること」と「そう見えること」に差はない

人に見せる自分は大切です。というより、それがすべてと言っても過言ではありません。相手が気づくかどうかはともかく、物事には〝そうであること〟と〝そう見えること〟の違いはないんです。たとえば美人であるかということと、美人に見えるかということでは、むしろ美人に見えるほうが大事であり、世の中では美人に見える人を美人と呼びます。「本当に美人かどうか、素顔を見せて」などという言葉は無意味です。

余談ですが、僕は「人は眉毛がすべて」という持論を抱いていて、メークさんにも眉毛だけは丁寧に仕上げてもらうようお願いしています。「眉目秀麗（びもくしゅうれい）」という言葉がありますが、目はいじりようがないので、眉だけでも最善を尽くすようにしています。効果のほどは定かではありませんが（笑）。

「できる人」は自己演出力に長けています。

ビジネスマンの「見せる努力」で比較的すぐできる演出は、たとえばスーツをグレードアップすること。ちょっと（できれば思い切り）高いスーツを買えば、胸を張って歩けます。周囲から「いいスーツですね」と認められることもあるでしょう。

実はよいスーツを着る効果はそれだけではないのです。いいもの、高いものを着ているという意識を持つこと自体に意味があるのです。高い洋服だからこそ、「大事にしなければ」という思いが湧いて、それが丁寧に振る舞うことにつながり、優雅ささえ生み出します。それが好印象につながるのです。

逆に安い服を着ていると、「こんな服ならどうでもいいや」という動きになって、それが振る舞いの粗雑さ、全体の雰囲気の荒っぽさを生みかねません。

だから、見栄を張ってオシャレしてみるのは大事なことなのです。お金をかけて変えていくならスーツ、靴、カバン、ベルト、シャツ、時計すべてに気を使うべきでしょう。特にいいシャツを着こなせればファッション上級者ですね。とにかく一度、思い切って高いスーツを着てみてください。何かが変わるはずです。

スーツの失敗も授業料と考える

こんなふうにエラそうに言っていますが、オシャレに関しては僕自身、山ほど失敗をしています。無駄なスーツを、大げさでなく何百着も買ってきました。これはいいなと思って購入したのに、流行がいつの間にか変わってしまう。

たとえば、3つボタンのスーツを大量に買い込みましたが、今ではどこか古びた感じがします。特に僕のように人前に出る仕事ではとても着られません。ほんの一部を残して、あとはすべて捨てました。ネクタイだって細いタイプが主流です（しかも短い）。昔の太いタイプは捨てざるをえません。

極論すれば、いつまでも着られる服なんてないんですよ。お店の方は「定番ですよ」とおっしゃいますが、変化の激しい現代社会でそれは幻想です。ちなみに、僕はワンシーズンで着つぶすぐらいの感覚でいます。長く着ても2、3年ですね。

これらはお金のかかることですが、僕はすべて授業料だと思って割り切っています。もちろん、それぞれの懐具合に応じて考えるべきでしょう。

これはお金によって、お金には換算できない価値を手に入れることでもあります。

こうした外見に関する自己演出の問題をどう考えるか？　みなさんそれぞれの価値観を見つめ直し、真剣に考えたうえで、ご自身の判断を下されるよう願っています。

「人に見せる自分」は
大切です。
それがすべてと言っても
過言ではありません。

第31講 ときには朝5時にメールしてやる気をアナウンスする

スポーツニュースで高校野球の練習風景を見ると、時々「もっとやる気を見せろ」とばかりに、監督にハッパをかけられているシーンを目にします。

この「やる気を見せろ」が、日本の社会では案外バカになりません。つまり、結果を出すことはもちろん大前提ですが、そのプロセスでやる気をアピールすることもまた大切なのです。

では、社会人は仕事でどう「やる気」を見せればいいのでしょう。

たとえば僕の場合は、メールの返信を、あえて早朝5時ぐらいに送ることがあります。電話だと相手に迷惑をかけてしまいますが、メールならそういうこともありません。しかも、何時何分何秒までしっかり記録に残ります。相手からの返信に「朝早くから大変ですね」と添えられていることも多いです。

コミュニケーション・ツールを惰性で使わない

今の話をもう少し広げましょう。

現在の僕は本当に世界が広がって、たとえばメールなら一日平均150件は届きますから、少しでも放っておけばすぐ返信しきれなくなってしまいます。あるいは、膨大なメールに埋もれてしまい、大事な用件がどこにあるのか把握できなくなります。

特に火、金曜日がすごい。たぶん、依頼相手が月曜日の会議でまとまった企画を、翌日僕のところに送ってくることが重なるのでしょう。同様に、金曜日は週末の駆け込み依頼で、これまたバーッと送られてきます。

こうしたメールにどう対応するか。もちろんそのつど返すという方法もあるでしょうが、なるべくチェックする時間を決めて、定期的に管理したほうがよいのです。

それには二つ理由があって、一つには、いちいち対応するよりトータルでかかる時間が短縮できるからです。これは経営学者のP・F・ドラッカーの言う「時間をまとめる」ということでもあります。もう一つは、「この時間に来るメールは○△からではないか」と相手が対応しやすくなるというメリットがあるからです。

もちろん、これは一般的な原則で、すぐに返事をほしがる方もいるでしょうから、そういう相手にはケース・バイ・ケースで対応することで、コミュニケーションをスムーズに進めることができます。

また、電話というツールの使い方にも一考を。たしかに、いきなり相手を捕まえるには電話のほうが早いのですが、もしかけた時点で相手を拘束できなかったら、今度はそのコールバックによって自分が拘束されるリスクが生じます。

逆に、メールの拘束力の低さはときにメリットで、とりあえず「拝見しました。相談のうえ、お返事いたします」と一本送っておけばすむ場合もあります。

それぞれのコミュニケーション・ツールとしての特性をよく理解したうえで、相手の特徴まで考えて使い分ける――。「仕事ができる人」は、そういう面でも決して手を抜かないのです。

第32講

「時間」と「空間」を支配してトラブルを回避する

どんなときに「この人は仕事ができる人だ」と思いますか?

大きな商談を取りまとめたり、上司からの疑問に理路整然と説明したり、画期的な企画を提案する人などを見ればそう思うかもしれません。

しかし、「この人はできるなあ」と一番感じるのは、突然生じたトラブルを手際よく解決する姿ではないでしょうか。周囲が「どうしよう」と混乱しているなか、一人だけ冷静に対処法を指示できれば評価が上がることは間違いありません。

とはいえ、想定外で起こるトラブルに動揺しない心を一朝一夕に養うことは難しい。それなら、トラブルのほうを〝想定内〟に収めてしまえばいいのです。

まず、自分の仕事のスケジュールをしっかり組む。どんな流れで仕事をこなしていくかを、あらかじめイメージしておくんです。時間と空間を支配する感覚、とでも言えばいいでしょうか。

その日一日、さらには一週間くらいの時間の広がりをしっかり見通して、事前に「起きそうなトラブル」を想定します。たとえば、木曜日にあの企画の打ち合わせをするけど、担当者の彼はこういう資料までは用意しないだろうなと予測する。あるいは、こんな凡ミスをやりそうだとか考えておくんです。

その準備があれば、実際にトラブルが発生してもあわてなくてすみます。「やっぱり書類を忘れてきたな」と余裕を持って受け止められるので、手際よく解決することができます。「人数分、コピーしてきたよ」とサッと配れば、周囲から〝頼りになる人〟と評価が高まること必至でしょう。

トラブル回避に必要な能力は、まず想像力です。自分の目の前に広がる時間をしっかり見通して、起きうるトラブルを予想し、その対策をあらかじめ立てておく。

もちろん、それでもすべてのトラブルを回避することはできません。しかし、このような時間を支配しようという意識で未来を見通す感覚を磨いていけば、想像力のレベルが上がり、危機回避能力もそれにつれて上がっていくものなのです。

目の前に広がる空間を支配する

先に述べたように、普段から想像力を駆使していると、まったく想定不能のトラブルというのは案外起きません。ほとんどのトラブルは予測の範囲内で起きるのです。たとえば、僕は遅刻者の「中央線が遅れたから」という言い訳を、心のなかでは認めていません。授業料を払ってくれている生徒の場合は仕方がないなと思いますが、仕事の相手なら話は別です。中央線がよく遅れるのは周知の事実。中央線は遅れるものという認識で行動すれば、最初から動きが変わったのではありませんか？

トラブルとは、実は怠惰の産物である場合が多いのです。予測もしておかずに、毎回「まさか、こんなことが起きるなんて」と嘆くだけでは成長がありません。

その類の話をすると「すべてのトラブルを予測することは不可能です。想定外だからこそトラブルになるんじゃないですか」と反論する人もいます。もちろんその通りですが、そういう反論をする人は想定の範囲が狭いことが多いのもまた事実です。

先に時間の支配ということを述べましたが、もう一つ、空間の支配による危機回避も重要です。この際に必要なのは観察力です。

先日、新幹線の車内で、幼児連れにもかかわらずコーヒーの入った紙コップを窓枠に置いている女性がいました。後ろの席にいた僕はイヤな予感がして、空いていた横の席に移動しました。案の定、子どもが紙コップをひっくり返し、コーヒーが母親の衣服を汚しただけでなく、さっきまで僕がいた席にも流れてきました。

これなどは、完全に予測できるトラブルです。そのまま席に座り続けて、荷物が汚れたではないかと文句を言うようでは甘いのです。

モノ、人、周囲のすべてに視線を注ぎ、細やかな観察を続けること。そうすると、トラブルの大半が起こるべくして起きていることに気づくはずです。

僕自身はこうした意識を20代のころから養ってきました。ご存じの方もいらっしゃるでしょうが、僕は新卒で勤めた金融機関を半年足らずで辞めています。周囲を見て、「ここは長くないな」と感じたからです。実際、その数年後に破綻しました。

他にも20代で火事、泥棒、借金など数々のトラブルに見舞われてきました。そのたびに金銭的には損失がありましたが、そういう体験がこの年齢になって大きなミスをしないことに役立っています。今考えると、それほど高い授業料でもなかったかなとも思っています。

第33講 飲み会で「昔はこうだった」という話が出たら即帰る

習慣が人生の質を決めます。よい習慣を積み重ねれば人生は充実するし、悪い習慣を続けていれば質はどんどん劣化するでしょう。

僕が今すぐやめたほうがいい習慣と考えるものの一つが、「惰性でコミュニケーションをとること」ですね。生徒にも「やめたほうがいい」と言います。また、ケータイをいじる時間を減らせとも言います。特に話すこともないのに惰性でやりとりするメールは時間の無駄でしょう。人生における時間は有限なのに、惰性で過ごしていればなくなる一方。無料だからいいやと思うかもしれませんが、お金では絶対に買うことのできない時間が「溶けている」と思うべきです。

生身の人間相手でも惰性のつき合いは感心しません。「いつもの店で、いつもの仲間と、いつもの話」が始まったら帰ったほうがいいと思います。何も得るものがない時間ですから。飲み会で「また同じ話が始まったな」と思ったら、思い切ってただちに帰りましょう。

僕は「昔はこうだったのに……」という話が出たら帰り支度を始めます。こんな不毛な回想からは何ひとつ生まれません。「昔はこうだったのに」ではなく、「今はこうだから」という前向きな話をすべきです。

女性には案外そういう習慣が少なく、もっと政治的に動きますね。あの姿勢をもっと学ぶべきでしょう。

同じ仲間と飲むより恋人をつくる努力をしよう

極論ですが、僕は基本的に仕事と家庭以外の人間関係はいらないと思っています。この二つの関係を強固にしていれば、人生はなんとかなるものです。それ以外の人間関係を大事にしている人は、どちらかがおろそかになっているケースが多い。ひどい場合には両方とも断絶状態で、趣味の仲間や学生時代の友達との馴れ合いが単なる逃げ場になっているケースすらあります。

もっと自分の仕事や家族を大事にすべきです。いい加減な仕事をして、当然、成果も上げられず、家では「お父さん、だらしない」と子どもに嫌われる。にもかかわらず、他のコミュニティに毎週末キッチリ参加していて心から楽しいかどうか。やはりどこか「逃避」しているのではありませんか？

家庭と仕事の両方に力を注いだうえで、余力で他のコミュニティに精を出すのなら素敵だと思います。独身者であれば友達はいなくてもいいんですが（少なくとも僕はそう思っています）、恋人をつくることにエネルギーを使いましょう（「そうしているのに、できないんだ！」という声が聞こえてきそうですが、それはそれで大切なことなんです。ぜひ、努力を続けてください）。

恋愛は人間の一番大事な部分。もちろんフラれることもあるでしょうが、それでいいんです。フラれてつらい思いをして、自分を見直すことは大事な経験です。むしろそういう経験を積み重ねないと人生は薄っぺらなものになります。

惰性で仲間とダラダラ会話したりゲームをしたりする時間は極力減らし、その分の時間やお金を異性との恋愛に使う。あえて繰り返しますが、つらいことを避けて、居心地のいい仲間と同じ話をしていても何も変わりません。

まず、家庭と仕事、この両者の充実を図ること。全力で頑張ってみてください。

時間を「管理する」意識を持つ

「毎日の仕事が忙しくて、家族を大事にしたり自分を高めたりするヒマがない」と嘆く人には、ドラッカーの言葉を贈りましょう。

時間の使い方は練習によって改善できる。だが、絶えず努力しない限り仕事に流される。

『経営者の条件』（P・F・ドラッカー［著］上田惇生［訳］／ダイヤモンド社）

時間に使われるのではなく、自分が時間を使う意識を強く持ってください。そのために、たとえば、まず一週間という時間を自分で支配するという感覚を養うのです。

「この一週間はこういうふうに過ごしていこう、そのなかではこんなトラブルが起きるかもしれない――」。このように、予測し、対策を立て、時間に使われるのではなく、時間を管理するのです。一週間を支配する、管理下に置くという意識を強く持ちましょう。

僕の場合、最近は多忙で家に帰れないことも多く、何泊分もの用意をして出張するので、時間の管理をより厳密に行う必要があります。下着や仕事道具はもちろん、あの仕事ではこのスーツが必要だ、などと予測して準備しなければなりません。

しかも、「この収録のときはこの組み合わせ。ただし、なにかアクシデントが起こるかもしれないから、予備はこれ」といった具合に、絶えず「危機管理」も意識しながら、一週間のイメージを綿密に描くようにしています。

真剣に一週間を過ごせば、自分のなかでペースの上がりやすい時間、上がりにくい時間などが見えてくるはずです。一週間を管理できたら、同じことを4回繰り返せば一カ月頑張ることができます。そこまで続けられれば半年、一年と同じことを続けられるでしょう。

第34講

「不運は続く」と最初から思えば怖くない

誰にでも、仕事がうまくいかない時期があります。

明らかなミスはないのにどうも歯車が噛み合わず、仕事がスムーズに進まない——。

不運、あるいはよくないことが連続するときは確実にあります。麻雀でいえば、まったく手にならないことが続くような場合です。確率的に考えればゼロに近いようなことが、実際には起きてしまうのです。

そんなときには、どう対処すればいいのでしょうか?

まず、とにかく冷静に受け止めること。そして悪あがきをしないで我慢することです。「不運は続く」。むしろそう考えるべきなのです。このことを、僕は

不幸は三人乗りの船でやってくる

と考えています。悪いことが起こる流れに入ってしまったのですから、むしろ一つ

で終わったらラッキーだ。そう考えるのです。

棋士で永世名人資格者の森内俊之さんは、「二回目のミスが致命傷になる」とおっしゃっていますが、長年トップレベルのギリギリの戦いを生き抜いている人ならではの、含蓄に富んだ言葉だと思います。

不運、あるいは悪いことは、どんなに気をつけていても我々に襲いかかってきます。しかし、そのときの対応の違いが、その後の決定的な差を生むのです。

最初の不運の際にうろたえて判断力を失えば、次の不運を招きます。それこそが致命傷になるのです。人のせいにして、自分の責任を放り出すようなことがあれば、やはり同じでしょう。

「これはまずいぞ、自分の何が悪いのだろう、次も来るぞ」。冷静にこういう対応ができれば、次の不運は来ないかもしれません。また、想定通り来たとしても、迎える態勢ができていますから、被害を最小限に食い止めることも可能です。

さらには、こういう状況を乗り切ったことが、自信にもつながるのです。

不運は連続するもの。そう腹をくってしまうことで、本当の災難を避けることができるのです。

だからといって、自分に生じるマイナスな状況をすべて「不運」で片づけるのはあまり感心しません。

たとえば、取引先が考えられないアクシデントに見舞われ、順調だった商談が壊れるというケースもあります。それを不運と嘆く前に、本当に「不運」なのかどうかを検証する必要があるでしょう。たとえば、実は悪いうわさを聞いていたのに、無理して取引を進めてしまった可能性はなかったか、というふうに。

損得を価値基準にしてはいけない

特にビジネスでは起こりやすいのですが、損得を考えすぎると、つまりは儲かるかどうかで考えすぎると、判断を誤るケースが出てきます。「危険な気配」を察知していたのに、欲に駆られて無視してしまったというようなミスは、何としても避けたいところです。

僕自身はどうかと言えば、損得を基準に行動することがほとんどないんですよ。ずいぶん若いころから、損得は一時のものと達観しているようなところがありました。

それで若いころに損失を増やしたという面もあるのですが、今では特に損か得かなどということをほとんど考えません。

そうすると、意外と状況を冷静に判断できるものです。そのせいか、結果的には利益になったということが多いのです。

損得は結果にすぎない――。これは一つの哲学です。ですから、すべての人に押しつけようとは思いません。しかし、僕が知っている、多くの成功している人々に共通する考え方であることも事実です。

また、僕には「プロセスには責任をとるが、結果はわからない」という考えがあります。プロセスにはこだわり、そこでは自らの力を振り絞ります。だからといって結果がどうなるかまではわからない。そう考えて行動していると、意外と結果が出て、さらには利益まで伴うことが多いんですよ。

みなさんの頭の片隅に、そんな考えを少しでも残しておいていただければと思っています。

第35講

無意識に出る言葉に意識を向けてみよう

自覚もないのに、なんとなく口に出している言葉があるものです。それが積み重ねられて「口グセ」と言われる場合もあります。これが案外クセ者。一度チェックしておいたほうがいいでしょう。

自分でもよく言うなあと自覚している場合もあれば、まるで無意識なのでまったく気づいていない場合もあります。しかし、周囲は何度も聞かされているわけですから、たとえば親しい仲間との飲み会などで雰囲気が和らいでいるとき、直接聞いてみてはいかがでしょう。

この口グセには、実は二種類あります。一つは、隠れた思いというか、深層心理が知らず知らず表れてしまっている場合。もう一つは、実質的な意味は失われていて、ただ習慣的に口から出ている場合。

いずれにせよ、それがポジティブな言葉であれば問題ありません（芸人さんで「サンキュー！」と元気よく言う方がいますが、あんな感じならOKです）。ただ、口グセの多くはネガティブなので、やはりできるだけ管理すべきです。

深層心理が表れてしまっている場合、真意を隠しておけない「いい人」だと思われることはあるでしょうが、相手に思いを読まれてしまうことはビジネスで不利を招きかねません。なんとしてでも改善しましょう。

言葉の意味が失われている口グセの場合は、そういった言葉が印象を悪くしていないかチェックしましょう。

実は、この「口グセ」チェックにはもう一つ意味があるんですよ。それは自分がどんな言葉を、どんなふうに発しているかを再確認できるということです。少し難しく言えば「自己表現の自己管理」。人は、あなたの表現を通してあなたを理解します。だとすれば、自分で管理に努めることは当然だとは思いませんか？

口から出る言葉が自分の意識を象徴している

僕の場合、「今でしょ！」で有名になったので、これが僕の口グセだと思っている人も多いみたいですね。でも、別にそういうわけではありません。

では、僕がよく口にしている言葉は何かというと、「ありがとう」や「僕は運が強い」です。なにかお世話になったら、僕は必ず「ありがとう」と感謝の言葉を口にします。当たり前のようで、意外とできていない人が多いですね。お礼を言われた相手が、やってよかったと思うだけでなく、それを聞いた周りの人間も「きちんとお礼ができる人間だな」と感じる。いわば二つのプラスの効果が同時に得られる言葉です。

「口グセ」は自己表現の重要なツールです。仮に最初は意図的に口にしていたとしても、それがいつしか無意識に言えるようになれば、その「口グセ」はあなたそのものになるでしょう。

特にマイナスに作用するのが、「ああしておけばよかった……」という仮定法過去完了形。同様に「昔だったらこうだったのに」という「口グセ」も感心しません。こういうのは、もはや「口グセ」ならぬ「愚痴グセ」です。今さらどうにもならないことを仮定法で語るのはやめて、前を向きましょう。

予備校の生徒を見ていても、「勉強のコツを教えてください」「先生、必勝法は?」などと平気で聞く生徒は、たいていうまくいかない。だって、勉強は苦労しながら自分の頭で考え、方法論を築き上げていくもので、そんな「コツ」や「必勝法」でなんとかなるものではないのです。

今さらどうにもならないことを仮定法で語るのはやめて、前を向きましょう。

第36講

人生で何度も読み返す「座右の書」を見つける

大学時代、仲間と「精読か多読か」という議論を何度も繰り返したものです。僕は断然精読派で、同じ本を何度も読み直してきました。特に「古典」と呼ばれるような、ずっと人々が受け継いできた本を何度も読み直したものです。

ビジネス書で言うなら前出のP・F・ドラッカーも、もはや「古典」と言ってよいでしょう。学生時代にかなり読み漁りましたが、今は講演の必要上からも読み直しています。ちょっときつい言い方をするなら、ビジネスマンでドラッカーを読んでいない時点で失格だと、個人的にはそう思っています。長く受け継がれてきたもののなかから、自分の愛読書、座右の書になるものを見つけてください。

僕の場合は、前述した『戦略的思考とは何か』がその一冊です。高校生のときに初めて読み、それから何度も何度も読んで、ほぼ暗記していると言ってよいくらいです。

内容的には米ソ冷戦時代の国家戦略論ですから、世界の状況は今とは大きく異なっています。「だったら、今さら読んでも意味がないのでは」などと判断するのは早計です。物事のとらえ方そのものを考え、鍛え上げるにあたって大きなヒントを与えてくれる、珠玉の名著です。

文章が非常に明晰。書いた人の頭のなかがよく整理されているからこういう文章になるのだなと感嘆します。真の「古典」は老化しません。

それでは、なぜ同じ本を何度も読む意味があるのでしょうか。

それについて説明する前に、一つ考えていただきたいことがあります。それは、あなたは、一度会っただけで人を判断しますか、ということです。「そうだ、一度で決める」という人もいるでしょう（僕自身は、そういう感覚の強い人間です）。

しかし、多くの人は「何度か会って話し、つき合いを深めるうちにどういう人間かを判断していく」とおっしゃるでしょう。だとすれば、同じことが書物に対しても言えるのではないか、というのが僕の考えです。

同じ本を何度も何度も読むとき、最初は内容を理解することに追われます。しかし、二度、三度と繰り返し読むうちに、内容はすでにわかっていますから、「ここはどうなのだろう」などと、じっくり考えながら読むことが可能になるのです。

理解する読書から、考える読書へ

一度読んだだけではなかなか「考える読書」にはなりませんが、何度も読むとそんな変化が起きます。こうなってこそ、本とのかかわりが初めて意味を持ってくる。だから僕は何度も同じ本を読むのです。

しかし、これはあくまでも僕のやり方。この本を読んだみなさん自身がいろいろ考え、独自のやり方をつくり上げていく過程こそ、本当に意味のあることなのです。

一冊の本との関係は、一人の人間とのそれと同じなのではないか——。そういう思いを抱けば、本とのかかわり方が変わってくるはずです。たかが本と言ってしまえばそれまでですが、一冊の本には、大げさではなく、ときに一人の人生さえ詰まっているものです。これを機に、かかわり方そのものを考えてみてはいかがでしょうか。

第37講　自分の頭で考える人間だけが成長し続けられる

一方、別の本でもすでに書いたことですが、僕は人に本をすすめません。読みたい本は自分で探すべきだというのが持論です。書店でもネットでもあふれるほどの本の情報があるこの時代に、自分が読みたい本を見つけられないというのは困った話です。

そういう感覚が授業にも影響して、僕は生徒に対しても、手取り足取り「こうやってやるんだよ」と導くようなことはしません。できるだけ良質な「考えるヒント」を与えること。これが僕の授業の目的です。「よい種」を生徒に渡して、あとは本人の努力で上手に育てていってほしい。そういう考えです。

しかし、実際には、教えたがりというか、教えすぎる講師がほとんどです。「わからせます!」などと叫ぶ講師を見ると、本当に情けなくなります。勉強って、そういうものではありませんからね（なぜ、その講師はそんなことを言うのかといえば、結局、本人自身があまり勉強の本質がわかっていないからなんです。だから、「わからせる」などというバカげたことを口走る)。

また、自慢の「必殺の解法」などを売りにする講師も少なくないのですが、それは単に「覚え方」にすぎない場合が多く、次から次へと「覚え方」を教えて、結局、自分の頭で考える力を奪ってしまう講師が少なくないのです。

「覚え方を教えてもらう→(気合いで)覚える→点をとる」。こういうリズムにはまってしまうと、大変なことが起きます。社会に出ても、「こうやれよ!」と誘導してくれる人がいない限り、自分では何もできない人間になってしまうんです。

一方で、与えられた「考えるヒント」という種を大事に育てた生徒は、いろいろ工夫しながら苗を育てていきます。それは、物事にどう取り組むか、どうやって解決するか、自分の、自分だけのやり方を自分で探すことにつながっていきます。そして、そういう生徒だけが、社会に出てからも力強く羽ばたいていけるのです。

考えることは楽しいこと

自分の頭で徹底的に考え、理解して、工夫しながらまとめた(=体系化した)知識は、なかなか忘れないものなのです。僕はよく記憶力がいいと言われますが、基本的に人の言うことは聞かずに、自分なりのまとめ方を考え、すごく工夫して自分の頭に入れるようにしていたら、結果的にしっかり頭に残ったというのが実情です。

こういった話は、はたして受験だけのことでしょうか？　僕にはそうは思えません。上からの指示がないと動けない、自ら進んで働こうという意識の弱い若者が増えていると言います。就職活動でも、面接で「会社に入ったらどんなふうに育ててくれるのか」といったことを平気で聞く学生も少なくないと聞きます。結局、自分の頭で考えることの意味、そしてその楽しさを知らないから、こういうことが起きるのです。

本来なら、社会に出る前にそういった物事への取り組み方を身につけておくべきでした。しかし、先にも述べたように、勉強の本質をわかっていない教えたがり講師のせいで、自分で考える力を奪われてしまったのだとしたら、ある意味では被害者でもあります。

ですから、自分で考える力が弱いなあという自覚のある方に、この本ではほんの少しだけ、「考えるヒント」を書きました。書きすぎると、僕もまた教えすぎの講師になってしまいますからね。

おわりに

僕は授業でしばしば恋愛の話をします。すると、アンケートに必ずこんな質問が出ます。

「女性を口説くコツを教えてください」

世の中にはさまざまな女性がいるのに、それを一つの「コツ」なるものでなんとかしようという精神の怠惰さが一番の問題です。そういう安易さこそがモテない最大の理由なのに、それがわかっていないのですから、この質問の主には厳しい現実が待っていると言わざるをえません。

同じことが仕事に関しても言えます。さまざまな資質の人がいて、自分と向き合うなかで己の「仕事観」を築き、さらには己の「方法論」を確立してようやくうまくいく、それが仕事です。安易なマニュアルを読んでどうにかなるようなものではないのです。世に仕事のハウツー本があふれているのは、一冊や二冊の本では仕事はうまくいかないことを証拠立てていると言えるでしょう。

この書は、そうした本と一線を画すべく、みなさん自身に考えてもらって、みなさん自身の「仕事観」の確立に向けた「考えるヒント」となることを目指しました。だから、実際に自分の頭で考えた方にとっては、それなりの意味があったでしょう。

一方で、「こういう悩みにはこれ、こういう問題はこう解決しろ」といった安易なマニュアルを求めて読まれた方には、期待はずれだったかもしれません。

しかし、思考は習慣であり、訓練です。考えないから考えられるようにならないのです。そして「はじめに」にも書いたように、「考えることは己自身と親しむこと」なのです。

この書を「考えるヒント」として、己自身と親しんで自分だけの豊かな世界を広げていける人が一人でも多くいてほしい。すべてを書き上げた今、ただただそう願っています。

青春新書
INTELLIGENCE

こころ涌き立つ「知」の冒険

いまを生きる

〝青春新書〟は昭和三一年に――若い日に常にあなたの心の友として、その糧となり実になる多様な知恵が、生きる指標として勇気と力になり、すぐに役立つ――をモットーに創刊された。

そして昭和三八年、新しい時代の気運の中で、新書〝プレイブックス〟にその役目のバトンを渡した。「人生を自由自在に活動する(プレイ)」のキャッチコピーのもと――すべてのうっ積を吹きとばし、自由闊達な活動力を培養し、勇気と自信を生み出す最も楽しいシリーズ――となった。

いまや、私たちはバブル経済崩壊後の混沌とした価値観のただ中にいる。その価値観は常に未曾有の変貌を見せ、社会は少子高齢化し、地球規模の環境問題等は解決の兆しを見せない。私たちはあらゆる不安と懐疑に対峙している。

本シリーズ〝青春新書インテリジェンス〟はまさに、この時代の欲求によってプレイブックスから分化・刊行された。それは即ち、「心の中に自らの青春の輝きを失わない旺盛な知力、活力への欲求」に他ならない。応えるべきキャッチコピーは「こころ涌き立つ〝知〟の冒険」である。

予測のつかない時代にあって、一人ひとりの足元を照らし出すシリーズでありたいと願う。青春出版社は本年創業五〇周年を迎えた。これはひとえに長年に亘る多くの読者の熱いご支持の賜物である。社員一同深く感謝し、より一層世の中に希望と勇気の明るい光を放つ書籍を出版すべく、鋭意志すものである。

平成一七年　　　　刊行者　小澤源太郎

著者紹介
林　修〈はやし おさむ〉
1965年愛知県生まれ。東進ハイスクール、東進衛星予備校現代文講師。東京大学法学部卒業後、日本長期信用銀行に入行。その後5カ月で退社し、予備校講師となる。現在、東大特進コースなど難関大学向けの講義を中心に担当。テレビ番組のMCや講演など、予備校講師の枠を超えた活躍を続けている。

林修の仕事原論
青春新書 INTELLIGENCE

2016年11月15日　第1刷
2017年1月5日　第5刷

著　者　林　修

発行者　小澤源太郎

責任編集　株式会社プライム涌光
電話　編集部　03(3203)2850

発行所　東京都新宿区若松町12番1号　〒162-0056　株式会社青春出版社
電話　営業部　03(3207)1916　振替番号　00190-7-98602

印刷・中央精版印刷　製本・ナショナル製本

ISBN978-4-413-04501-8